LUISE RINSER

Wie, wenn wir ärmer würden

oder die Heimkehr des verlorenen Sohnes

LUISE RINSER

Wie, wenn wir ärmer würden

oder die Heimkehr des verlorenen Sohnes

Zweite, völlig überarbeitete Auflage

R.S.SCHULZ

Zweite, völlig überarbeitete Auflage

8136 Percha am Starnberger See, Berger Straße 8 bis 10
8136 Kempfenhausen am Starnberger See, Seehang 4
Telefon 0 81 51/1 30 41 bis 1 30 43, Telex 05 26 427 buch
Bildschirmtext * 717 #

Grundschrift: Garamond Antiqua
Gesamtherstellung: Mühlberger, Augsburg
ISBN 3-7962-0038-9

„Die widerspruchsvolle Bewegung der kapitalistischen Gesellschaft macht sich dem praktischen Bourgois am schlagendsten fühlbar in den Wechselfällen des periodischen Kreislaufes, den die moderne Industrie durchläuft und deren Gipfelpunkt: die allgemeine Krise. Sie ist wieder im Anmarsch, obgleich noch begriffen in den Vorstadien."

Karl Marx
zur 2. Auflage des „Kapital", 1873

„Zu keinem Zeitpunkt der Geschichte ist der Mensch so vollständig wie heute durch den Grund seines Seins selbst an den Wert und die Vervollkommnung aller anderen um ihn herum gebunden gewesen."

Teilhard de Chardin, 1950

„Menschliches hat immer die Zukunft im Blick. Der Mensch lebt denkend und handelnd, indem er sein Sein ständig in die Zukunft hinausdehnt. Er verdeutlicht sich im Vorhaben, und eine entscheidende Dimension dieser Zukünftigkeit ist die Hoffnung."

P. L. Berger
Prof. für Soziologie an der
New School for Social Research
New York, 1968

„In der Welt herrscht das Absurde, aber die Liebe rettet davor."

Albert Camus

Diese Arbeit schrieb ich 1973 auf 1974. Das Buch wurde wenig beachtet. Es war zu früh erschienen. Sieben Jahre zu früh. Nach dem Schock der ersten Ölkirse haben sich unsre Wirtschaft und unser politisch-soziales Gewissen wieder beruhigt: ist ja alles nicht so ernst, keine Suppe wird so heiß gegessen wie gekocht, und die Ölkrise war ja nur künstlich, um die Preise hochzutreiben, Öl ist genug vorhanden, und wird es wirklich knapp, so haben bis dahin unsre Techniker die schon vorhandenen alternativen Energiequellen benutzbar gemacht, uns wird nichts mangeln, unser hoher Lebensstandard wird uns bleiben, der Fortschritt wird nicht enden.

Wir waren rasch beruhigt und machten ungestört weiter mit dem Energieverbrauch, mit der Vergiftung von Wasser, Luft und Lebensmitteln, mit unserm Luxus, den wir nicht mehr als Luxus erkennen.

Aber jetzt, 1981: die Krise ist eine offene Wunde geworden. Sie ist das Tagesgespräch auf Konferenzen der Politiker und Techniker und in den Massenmedien.

Wir werden aufgerufen zu sparen, man gibt uns dafür Anweisungen. Es ist nicht mehr wegzulügen: wir werden ärmer. Keine hypothetische Frage mehr, was denn wäre, wenn wir ärmer würden, sondern eine nüchterne Feststellung, daß wir dabei sind zu verarmen.

Ob wir mit Notwendigkeit ärmer werden müssen, ist freilich eine andere Frage. Ob nicht eine vernünftige Weltwirtschaft, das heißt die Beendigung der unsre Volksvermögen und Rohstoffe verschlingenden Rüstungen und die gerechte Verteilung der Güter, zeigen würde, daß wir, wenn auch ohne Luxus so doch ohne Mangel an Lebenswichtigem recht gut existieren könnten von dem, was unser Planet hergibt?

Wir haben bisher nicht vernünftig gedacht, wir haben blindwütig an unserm Untergang gearbeitet. Jetzt stehen wir betroffen vor den Folgen und haben Angst. Angst vor dem Verlust unsrer gewohnten Bequemlichkeiten. Angst davor, daß uns unser Besitz, den zu teilen wir uns weigerten, als es eine sozialistische Politik vorschlug, jetzt durch die Weltwirtschaftskrise gewaltsam entrissen wird, also nicht durch die politisch gezielte „Enteignung der Enteigner", sondern als zwangsläufige Folge unsrer eigenen Fehler.

Im Hintergrund unsrer Angst vor der materiellen Verarmung lauert die andere: Angst vor der radikalen Unsicherheit. Woran kann man sich denn noch halten, wenn der Besitz keine Sicherheit mehr gibt? Holen wir vielleicht jetzt erst die Philosophie des Existenzialismus ein, die während des Zweiten Weltkrieges sich den Denkenden aufdrängte angesichts der Katastrophen? Begreifen wir jetzt erst, nachdem wir meinten, die Existenzphilosophie zu den akademischen Akten gelegt zu haben, daß der Atheist Sartre, der Agnostiker Camus und der christliche Marcel den realistischen Zukunftsblick hatten, als sie von dem „Geworfensein des Menschen" redeten und uns sagten, daß wir, befangen in Traditionen, Gewohnheiten, mühsam aufrechterhaltenen Ideologien uns eine trügerische Sicherheit aufbauen und unser Leben in Selbsttäuschungen hinbringen? Wird uns jetzt erst wirklich bewußt, daß wir ins Universum Hineingeschleuderte sind, Ungeborgene, unheimlich Gefährdete? Und ist vielleicht das, was wir Energiekrise und Weltwirtschaftskrise nennen, in Wirklichkeit und Wahrheit eine ganz andere Krise? Gehts um eine andre Art von Energie? Gehts um unsre Lebensenergie, um unsre Vitalität, um unsern Mut zum Weitermachen? Schleicht nicht rund um den Erdball die Versuchung zum passiven kollektiven, langsamen Selbstmord der Menschheit, zur allgemeinen Resignation, zur Kapitulation vor dem Übermaß an Schwierigkeiten, zu leben? Sind wir es endgültig satt, Sisyphos-Arbeit zu tun: den Felsbrocken bergauf zu stemmen, der dann alsbald wieder bergab rollt? Aufbau, Zerstörung, Gewinn, Verlust, Wiederaufbau, neue Zerstörung, und so fort, immer so fort, wozu?

Wer zwingt uns dazu? Wer kann uns hindern, aufzuhören, aufzugeben?

Als die Existenzphilosophie wie ein Bazillus umging, war Krieg und Verwüstung. Nun: haben wir uns nicht recht bald und recht gut wieder heraufgearbeitet? Und war dann nicht alles besser als zuvor, wenigstens in Europa? Nach dem zweiten Krieg, wie sah es da aus bei uns? Zerstörte Städte, unbrauchbare Industriezentren, eine Wirtschaft auf dem Nullpunkt, ein besiegtes, verwirrtes, tief gedemütigtes Deutschland, und die Siegerstaaten ringsum ebenfalls verarmt.

Und wenige Jahre danach begann der Boom, der allgemeine Wohlstand. Was damals gelang, das muß doch heute auch gelingen. Oder nicht?

Die Lage ist eine andre: die Verarmung ist weltweit und wir können nicht mehr auf die US-Dollars rechnen, die uns damals retteten. Wer wird uns heute retten?

Aber wovon ist da die Rede? Doch nur von Materiellem. Von der Wirtschaft, von Absatzmärkten, von Währungen, von mehr oder minder vorhandenem Wohlstand. Als ob das Leben der Menschheit identisch wäre mit der „Wirtschaft", mit dem Geld, mit der Technik, mit dem Materiellen. Als ob Leben nur lebenswert sei, wenn es „Wohlleben" ist. Als ob unser

Glück von unserm Besitz abhinge. Als ob die Rettung der Menschheit in der Rettung des Wohlstands bestünde.

Ich schreibe dieses Vorwort zu Beginn des Jahres 1981, nachdem ich die Reden der Politiker verschiedener Nationen zum Jahreswechsel gehört und gelesen habe und auch die Vorhersagen von Futurologen, Hellsehern, Astrologen und Kabbalisten, und die vox populi, die Gespräche meiner Nachbarn und Freunde, Menschen verschiedenster Schichten und politischer Richtungen: allenthalben auch eine müde Gleichgültigkeit, Pessimismus. Kein Politiker und auch kein Theologe hielt es für opportun, uns zu sagen, wie es wirklich um uns steht. Man sagte die Wahrheit in Weihnachtspapier verpackt. Mein Eindruck: man lehrt uns das Überspielen der Wirtschaftskrise. Wer auch wollte sich so unpopulär machen und sagen: Freunde, das Jahr 1981 wird noch ein Aufschub sein, ein Hinhalten, eine kleine Vorübung nur, Ihr werdet noch manche Tröstung finden und von euern Vorräten recht gut leben, aber eure Vorratskammern leeren sich und niemand wird sie auffüllen, das Schicksalsrad dreht sich, Frau Reichtum steigt ab, Frau Armut steigt auf, bereitet euch darauf vor.

Vorbereiten ja, aber wie?

Wir haben uns schon einmal vorbereitet auf einen Härte- und Katastrophenfall: auf den Zweiten Weltkrieg und die Rationierungen, die er, ehe er ausbrach, schon forderte. Wir deckten uns ein, wir deckten uns zu, wir sicherten uns. Und inmitten der Vorräte und Sicherheiten wurde der tausendfache Tod gestorben: unter Bomben, Flaksplittern, stürzenden Häusern, an den Kampffronten, in Gefängnissen, in den Konzentrationslagern, an Fensterkreuzen in verzweifeltem Entschluß, unter fahrenden Zügen, mit zuviel Schlafmitteln ... Es erwies sich ein für alle Male, daß Vorräte materieller Art und Sicherungen nichtig sind.

Aber viele überlebten die Katastrophe trotz des Mangels an Lebenswichtigem, sogar in den Lagern Nazideutschlands und Sibiriens. Was gab ihnen die Kraft dazu?

Nennen wir diese Kraft mit dem französischen Philosophen Bergson den „élan vital", den Lebensschwung, die Hoffnung, die Zuversicht.

Aber mit welchem Recht, mit welch gutem Grund waren Menschen damals voller Zuversicht? Sie konnten nicht wissen, ob der Krieg einen von ihnen überleben ließ. Eher das Gegenteil war anzunehmen. Was also trieb sie, was trieb uns, darf ich sagen, denn ich war eine von ihnen.

Es war nicht nur der einfache nackte Überlebenswille des einzelnen, nicht nur der Instinkt des gewitzten Jagdwilds, das auch noch unter größten Schwierigkeiten Beute und Fluchtweg findet. Es war ein ober- und untergründiges Bewußtsein davon, daß keineswegs „alles zu Ende" sein, sondern daß das Leben weitergehe.

Es ging weiter.

Dann aber kam das große Mißverständnis: das Leben, was war denn das?

Es war: hektische Arbeit, Geldverdienen, technischer Fortschritt, kurzum *haben,* immer mehr *haben.*

Und das soll Leben sein? Dieses Auf und Ab, dieses bißchen Vergnügen, diese Sisyphosmühe ohne Ende? Lohnt sich dieses Leben überhaupt? Sind wir wirklich dazu auf Erden? Wo ist da der Sinn?

Heute beginnen wir nachzudenken, mitten im angstvollen Vorwärtsstürzen innehaltend: was ist es denn eigentlich, das wir wollen und sollen? Was ist denn mit uns, wenn wir nicht mehr „Fortschritt machen" können?

Noch wollen wir nicht darüber ernsthaft nachdenken, noch meinen wir, es gehe schon noch eine gute Weile so weiter, und was dann kommt, das werden wir sehen.

Aber wenns wirklich nicht mehr so weitergeht? Was dann? Ist dann das Leben sinnlos? Oder beginnt dann etwas Neues, was sinnvoll ist? Ist das Unheil vielleicht unser Heil? Ist die äußere Verarmung vielleicht gar kein Schrecken und Mangel, sondern die große Befreiung? Ist das, was als Todeskampf der Menschheit erscheinen kann, nicht eine Geburt? Liegen wir nicht in Wehen? Auf diese Frage gibt es keine einfache Ja- oder Nein-Antwort. Da gibt es nur Glauben oder Nichtglauben, Hoffnung oder Verzweiflung.

Als 1980 das große Erdbeben in Süditalien war, machten viele Menschen dieselbe Erfahrung, nennen wir sie die Erfahrung von der Ambivalenz eines Schicksalsschlages. Ich selber, nahe dem Erdbebengebiet, erlebte jene Wochen als große Belehrung: Als es am dritten Tag nach dem Hauptbeben auch noch zu schneien begann und Eiseskälte eintrat, begann ich mit jenem Wesen zu streiten, das wir Gott nennen oder Weltgeist oder wie auch immer. Ich beschuldigte die höchste Instanz in den starken Ausdrücken Hiobs. Es gab einen Augenblick, in dem ich mich von diesem Gott abwandte, der nicht nur dieses Erdbeben zuließ, sondern alle Katastrophen und alle Menschentränen. Als ich mich den finstersten Blasphemien überließ, kam das Lastauto zum Sammeln von Wolldecken für das Erdbebengebiet. In diesem Augenblick traf mich wie der Blitz eine Erkenntnis: die Antwort auf meine Anklage und auf meine bittere Frage nach dem *Warum* aller Menschenleiden war diese: Wolldecken sammeln.

Betroffenheit, Aufrüttelung, Mitleiden, tätige Liebe. Das war *die* Antwort. Von Camus stammt der Satz, daß in der Welt das Absurde herrsche, daß aber die Liebe davor rette.

Nie zuvor war Italien so einig wie in den ersten Wochen nach dem Beben, nie waren die Nachbarvölker so hilf- und opferbereit, nie fühlten wir uns so als eine Einheit. Die Katastrophe weckte unsre besten Eigenschaften. Sie löste schlafende Kräfte aus. Sie erwies sich als ein Symptom für das, was größere Katastrophen, Menschheitskatastrophen, bewirken können: Liebe.

Aber wozu diese Liebe? Wozu lieben, wenn immer neue Katastrophen Liebende, Geliebtes und die Liebe selbst zunichte machen?

Bohrendste aller Fragen: die Sinnfrage.

Ist die Liebe inmitten der Katastrophen nicht einfach unsre Erfindung, unsre Illusion, damit wir das Leben ertragen können? Ist sie, wie Religion, unser Opiat? Und wenn es so wäre? Wäre die Erfindung von Religion und Liebe nicht schon die Antwort auf die Sinnfrage? Eine Menschheit, die fähig ist, derlei sich auszudenken um sich zu retten, zu erlösen von der bloßen tierischen Existenz, ist sie nicht schon in sich etwas höchst Sinnvolles. Ist diese Erfindung der Liebe nicht der Beweis für die Kreativität der Menschheit, die, wenn ihr ein Weg versperrt wird, einen andern findet? Die einen weitern Aufstieg vor sich hat? Ist die

Energiekrise und was mit ihr zusammenhängt, nur ein Umschalten der menschlichen Energie auf ein anderes Ziel?

Wenn kein Fortschritt der Zivilisation mehr möglich ist, welcher Weg zum Weitergehen bietet sich dann an?

In der ersten Fassung dieser Arbeit sprach ich eingehend über die biblische Erzählung vom „verlorenen Sohn“, von der Rückkehr ins Vaterhaus. Mir gefällt heute das Wort und Bild von der Rück-kehr nicht mehr. Gibt es je ein Zurück? Jede Rückkehr ist eine Phase des Gehens nach vorne. Nie kehrt man zu einem Ausgangspunkt zurück, denn dieser Punkt hat sich verändert während der Abwesenheit dessen, der wiederkommt. Es gibt keine geschlossenen Kreise, es gibt nur Spiralen. Das Warten auf den Sohn hat auch den Vater verändert, das ganze Verhältnis hat sich geändert: das Verhältnis zwischen Gott und Mensch.

Ich habe auch einen andern Mangel meiner Gedanken von damals anzumelden: ich habe nicht in Betracht gezogen, daß zwar das Vaterhaus wartet, daß es aber eines Tages zu spät sein könnte zur Rückkehr, das heißt: daß der Menschheit keine Zeit mehr bleibt, weil *die* Zeit zu Ende ist mitsamt dem Raum zwischen Fremde und Vaterhaus.

Wir leben schizophren: einerseits reden wir von der Möglichkeit der Zerstörung unsrer Erde durch die

Atomwaffen, andrerseits verdrängen wir den Gedanken an das Zeit- und Weltende, von dem im Evangelium und auch in andern Religionen die Rede ist. Man behilft sich mit dem Gedanken, daß man zur Zeit der Abfassung der Evangelien an ein unmittelbar bevorstehendes Ende glaubte, weil man die Aussagen des Christus so verstand. Als dann dieses Ende, von dem die Apokalypse so drastisch klar spricht, doch nicht kam, schob man die Erwartung immer weiter weg, bis sie schließlich nur mehr ein Predigt-Klischee war und da und dort in religiösen Sekten als Nah-Erwartung aufflammte.

Aber da gibt uns nun die Astrophysik einen Stoß: sie hat entdeckt, daß Sterne sterben können und daß es in unserm Kosmos viele Sternleichen gibt. Man sieht sie nicht, denn sie sind dunkel. Beschießt man so ein dunkles „Loch" am Himmel mit X-Strahlen, sieht man, wie der Strahl abgelenkt wird. Dort, wo nichts zu sein scheint, ist etwas: ein erloschener Stern. Wie sterben Sterne? Jeder Stern ist, wie alles was ist, ein Gefüge aus Materie und Zwischenraum, welcher die Materie konstituiert. Wenn eines Tages aus irgendeinem Grund der formgebende, stützende Zwischenraum entflieht (laienhaft gesagt), bricht das ganze Gebilde zusammen und nichts bleibt als eine kompakte Masse, so klein wie ein Tennisball und so schwer, daß dieser Ball, träfe er unsre Erde, sie mühelos durchschlüge und auf der andern Seite wieder austräte. Der Stern ist fortan tot. Sollte Leben auf ihm gewesen sein, stirbt es mit ihm – sofern es nichts als „Leben" war.

Wenn schon viele Sterne starben, warum sollte es dann ausgeschlossen sein, daß der unsere stirbt? Und wenn andre Sterne in einem Nu starben, unvorhergesehen, unberechenbar, warum sollte unsere Erde ein anderes Schicksal haben? „Wie ein Dieb in der Nacht" wird es kommen.

Aber: ist der Tod unseres Planeten dann auch der Tod der Menschheit, die auf ihm lebt? Ist dann „alles zu Ende"? Millionen Jahre der Entwicklung, des Aufstiegs einfach abgebrochen, zernichtet? Und jeder einzelne von uns: verschwunden im Nichts? Vergeblich unsre heißen Bemühungen, uns selbst und die Verhältnisse und Charaktere auf der Erde zu bessern? Absurd also alles? Gibt es das: ein absolutes Ende? Oder gibt es doch nur das Ende eines jeweiligen Zustands, einer Phase?

Ist in vollem Ernst anzunehmen, daß die Entwicklung der Menschheit abgeschnitten werden könnte, ehe sie vollendet ist?

Das kann nicht sein. Wieso nicht?

Weil nichts im Nichts endet, was *ist,* das *ist.*

Eine Behauptung, die durch nichts zu beweisen ist als durch ein geheimes Wissen, das uns mitgegeben wurde.

Jedoch: was IST, das untersteht dem Wandel. Stirbt

unser Planet, das heißt verwandelt er sich in bloße Materie zurück, so sterben nicht auch wir, denn wir sind nicht bloße Materie.

Im Evangelium steht, daß unsre Erde verwandelt werde, in einem Nu, wiewohl durch Zeichen angekündigt, wie es in der Apokalypse steht. Zuerst aber ist Gerichtstag. Dies irae dies illa. Die Scheidung der Menschen in jene, die tauglich sind für eine „neue Erde mit einem neuen Himmel“ und in die Untauglichen, die Verweigerer. Es wird auch gesagt, mit welchem Maß da gemessen wird: das einzige Kriterium der Scheidung ist die Liebe. Nur die Liebenden, die nach Einheit Strebenden werden auf der neüen Erde unter dem neuen Himmel leben.

Aber auch ohne den Bogen so weit zu spannen, kann man wissen, daß Leben biologische und geistige Entfaltung ist und daß alles auf ein Ziel hingerichtet ist. Ob unsere Bemühungen sich ausdrücklich als politisch-sozial verstehen oder als religiös, und obgleich sie sich auch divergierend sehen, so gleichen sie dennoch mathematischen Parallelen, die konvergieren und sich schließlich in einem Punkt treffen. Teilhard de Chardin nennt ihn den Punkt Omega. Er sagt auch, was er damit meint: „Der Christus vollendet sich nach und nach durch die Summe unsrer individuellen Bemühungen durch die Zeiten hindurch.“ Anders gesagt: das Wesen, das wir Gott nennen und das sich einmal, historisch, in Jesus inkarniert hat, inkarniert sich immer weiter, es wird immer mehr Mensch, wobei der Mensch immer mehr sich dem Göttlichen nähert, bis Gottheit und Menschheit *eins* sind. Das ist der Punkt Omega, auf den hin alles strebt, ob wir es wissen oder nicht. Jedoch fühlen wir es dunkel als Drang zur Entfaltung in irgendeiner Form. Wir alle wollen den Aufstieg, auch wenn wir uns nur niedrig liegende Nahziele setzen. Der allgemeine Aufstieg freilich geschieht so langsam, daß wir die ansteigende Bewegung nicht merken, außer wenn wir plötzlich einen jener „Quantensprünge" erleben, die wir als politische oder wissenschaftliche oder religiöse Revolutionen erfahren. Entwicklungen geschehen in Sprüngen. So ein Sprung scheint uns jetzt bevorzustehen: der Sprung vom Haben zum Sein. Der Sprung vom Materialismus zum Geist, der Sprung vom intelligenten Tier zum menschlichen Menschen, dessen göttlicher Kern aufleuchtet.

Das ist die Heimkehr des (im Materiellen) verlorenen Sohns. Was uns auch an Schwerem bevorsteht: es ist notwendig, es wirft uns nicht zurück, sondern vorwärts.

In dieser Zeit eines „Quantensprungs" der Menschheit zu leben, ist eine große Sache, wohl wert, dafür „ärmer zu werden" an Überflüssigem, den Aufstieg Hinderndem.

Jede Benennung ist eine Einkreisung, eine Zähmung drohender Wirklichkeiten, eine magische Beschwörung. Das Wort „Krise“ erschreckt uns, denn es ist inhaltlich unbestimmt, es kann vieles und sehr Schlimmes bedeuten, es kann etwas meinen, das unsere Existenz in Frage stellt, es spült Urängste hoch, die unseren ungeheuren, Jahrmillionen alten kollektiven Erfahrungen mit dem Massentod entstammen. Die Eiszeiten, die Sintfluten, die großen Dürren überlebten vergleichsweise jeweils nur wenige aus unserem Geschlecht. Die biblische Erzählung vom großen Regen und der Arche Noah ist nicht nur ein Mythos, sondern ein Kapitel wirklicher Geschichte, in ein Bild gedrängt.

Aber auch Drohungen jüngeren Datums, erfolgreich überhört und verdrängt, werden durch das Wort Krise plötzlich in unser Bewußtsein gestoßen: Hungertod durch Übervölkerung, Vergiftung durch chemische Stoffe, Erschöpfung der Rohstoffe unserer Erde durch räuberische industrielle Ausbeutung, Zusammenbruch der Wirtschaft, Ende der Zivilisation, Rückfall in die kulturelle Barbarei, das alles erscheint uns plötzlich möglich und nahe, und wir erkennen schaudernd, daß unsere Sicherheit trügerisch war und daß wir unter Bedingungen leben, die stets gegenwärtige Todesdrohungen sind, welche durch irgendeine Krise aktiviert werden können, so daß das Aussterben der Menschheit vom Bereich der schwarzen Phantasie in den der realen Wirklichkeit rückt.

Wir leben nicht gerne im Bewußtsein solcher Gefährdung, die uns um so schlimmer erscheint, je unbestimmter und allgemeiner sie ist. Darum beeilen wir uns, das inhaltlich unbestimmte Alarm-Wort Krise zu entschärfen, indem wir ihm das Wort für jene Sache beifügen, welche wir Laien für die unmittelbare Ursache der Krise halten: Das Öl, die Energie. Eine Krise, die sich so deutlich benennen und so leicht rational erklären läßt und die dem machbaren Verhältnis von Wirtschaft und Politik angehört, ist etwas, das von dem in Krisen, ja Katastrophen erfahrenen und erprobten Menschen, so meinen wir, gemeistert werden könne. Naturwissenschaft und Technik sind grundsätzlich allwissend und allmächtig, diesen Glauben lassen wir uns so schnell nicht nehmen, und auch nicht den neuen Glauben an die Wirksamkeit der Entspannungs-Diplomatie. Den Schock, den unser Bewußtsein erlitt, als die Energiekrise offiziell bekanntgegeben wurde, überspielten wir mit der Selbsttröstung, die Fachleute in Politik, Naturwissenschaft und Technik würden gewiß neue Lösungen finden oder bereits vorhandene theoretische Pläne solcher Lösungen ausbauen und praktisch anwenden. Gibt die Erde kein Öl und auch keine Kohle mehr, so gibt sie noch Gas, und gibt sie auch das nicht mehr, so gewinnt man Energie aus dem Atomzerfall, aus der Sonnenstrahlung, aus dem Wasserstoff, oder wir transportieren Rohstoffe von anderen Planeten auf unsere Erde, oder was immer der halbinformierte Laie sich vorstellen mag.

So bauen wir aus unsicheren Daten (unsicher vor allem hinsichtlich der Zeit, die zur Lösung der Probleme nötig sein wird) eine neue, wenn auch provisorische Sicherheit.

Das Überspielen eines Schocks mit Hilfe einer raschen Tröstung ist, so möchte man meinen, die natürliche und richtige Reaktion des Menschen. Sie ist ein Akt des Selbstschutzes: des Aufrichten einer Barriere zwischen dem Menschen und dem Tod. Die Kraft des Menschen, einer Krise mit Optimismus zu begegnen, garantiert, so scheint es, das Überleben.

Aber schon stellt sich die Frage: war der biblische Noah ein Optimist, als er sich in die Arche rettete? Sah er nicht vielmehr das Pessimum voraus: die Sintflut? Und waren es nicht die Optimisten, die, als der große Regen begann, sagten: „Es wird schon nicht so schlimm werden, leben wir ruhig weiter, als geschehe nichts“? Erwies sich nicht zuletzt der Optimismus der

Leichtsinnigen als die Ursache ihres Untergangs? Schon sehen wir, daß wir mit solch beinahe unernsten Überlegungen den Rand eines Problems berührt haben, das keineswegs harmlos ist, und von dem aus wir in einen Krater blicken, an dessen tiefstem Punkt uns die Frage nach Wesen und Bestimmung des Menschen (das heißt der Menschheit) erwartet. Der Sprung vom Verhalten des Menschen zur Ölkrise bis zu der Frage nach seinem Wesen und seiner Bestimmung scheint so groß, daß uns der Zusammenhang aus dem Blickfeld gerät. Daß dieser Zusammenhang besteht, wird uns jedoch deutlich, wenn wir den Begriff Ölkrise als Chiffre zu erkennen vermögen. Aber als Chiffre wofür?

Die Antwort ergibt sich, wenigstens fragmentarisch und vorläufig formuliert, aus dem Vergleich der spontanen Reaktionen der von der Ölkrise Betroffenen bei der offiziellen Bekanntgabe.

Außer der sehr rasch den Schock überspielenden optimistischen (um nicht zu sagen leichtsinnigen) Reaktion gab es auch die gegenpolige: die der Pessimisten, denen die Ölkrise als ein Unglück erschien, das sich folgerichtig einfügt in ihre Ansicht von der Welt als der schlechtesten aller Welten, in welcher der Mensch sich in einer anhaltenden Krisensituation befindet; diese Menschen sehen das Versiegen der natürlichen Rohstoffquellen als das Ende des Fortschritts und als Beginn des Rückfalls in die Barbarei, wenn nicht als Anfang des Endspiels überhaupt, dessen Ausgang das Sterben unseres Planeten und der ganzen Menschheit sein wird. Die Energiekrise wäre also nach ihnen die Chiffre für die totale Krise, den Rückschritt, den Tod.

Niemand wird es wagen zu leugnen, daß dieser finstere Blick begründet werden kann, und daß die Begründung dem erfahrenen Menschen weitaus leichter falle als die für das Gegenteil: die Behauptung, alles werde immer so weitergehen, alles werde sich zum Guten wenden, und die Energiekrise samt allen Problemen der Ökologie sei der Anlaß für eine schwungvolle Anstrengung der Menschheit, neue Lebensquellen zu finden.

Man kann sagen, es sei eine Frage der individuellen Konstitution, der Erfahrung, des Alters, des Temperaments, auch des Berufes, auch der Zugehörigkeit zu einer Nation, die Bodenschätze und also Zukunft hat oder nicht, und es sei demnach keine Entscheidung darüber möglich, wer recht hat: die Optimisten oder die Pessimisten, es gebe nur teilweise, nur relative Antworten.

Man kann aber auch sagen, daß wir deshalb keine brauchbare, befriedigende Antwort bekommen, weil die ganze Fragestellung falsch ist. Die Vermutung des falschen Fragens ergab sich aus der Beobachtung der dritten Reaktionsweise auf den Ölkrisenschock: die der spontanen Zustimmung, welche weder eine euphorische Kompensation der Schockwirkung war noch einfach ein Akt stoischen Aufsichnehmens des Unvermeidlichen, sondern, und das war doch überraschend und überaus schön, ein geradezu freudiges Einverständnis, und das „neue Überraschung" bei Menschen verschiedener Gesellschaftsgruppen, also nicht nur etwa bei den Unterprivilegierten, welche es den Besitzenden gönnen, daß auch sie einigen Mangel kennenlernen, sondern eben bei Privilegierten selbst. Nun ist es zweifellos kein Anlaß zur Freude, wenn man als leidenschaftlicher Autofahrer eine Beeinträchtigung seiner gewohnten Bewegungsfreiheit und seiner Bewegungslust ertragen muß, und es ist schon sonderbar, wenn gerade solcherart Betroffene dem Verlust heiter zustimmen, so als hätten sie nur auf die Ölkrise gewartet, um das zu tun, was sie längst hatten tun wollen: auf vieles, schnelles, unnötiges Fahren verzichten. Diese Zustimmung konnte bei einigen freilich ein kleiner Selbstbetrug sein, ein psychohygienischer Trick, um der Einschränkung den Stachel der Gesetzeslast zu nehmen, indem man sie als fast freiwillige Leistung erklärt. Aber auch hierin läge schon ein Bekenntnis zu einer höheren moralischen Qualität. Es ist aber anzunehmen, daß bei vielen der spontan Einverstandenen eine echte Einsicht vorlag, die sich nicht auf Notwendigkeit und Gesetz beschränkte, sondern einer anderen

Kategorie angehört. Welches diese Kategorie ist, darüber wird zu reden sein; es wird den Kern dieser Überlegungen ausmachen.

Womit erklärten sich die Einverstandenen denn einverstanden? Damit, daß die arabischen Staaten zu wenig oder zu teures Öl liefern? Das doch nicht. Damit, daß unsere Industrien, ungenügend Öl erhaltend, nicht mehr so viel produzieren können? Das an sich auch nicht, insofern niemand vernünftigerweise wollen kann, daß die verminderte Produktion die Zahl der Arbeitslosen erhöhe, das Leben der Arbeiter und Angestellten erschwere und den Staatshaushalt aus dem ohnehin mühsamen Gleichgewicht bringe. Oder damit, daß um einen solchen Preis die dringenden Vorschläge der Ökologen befolgt werden: endlich durch weniger Verbrennung von Rohölprodukten die Luft zu entgiften? Das schon eher. Damit, daß durch eine verminderte (eine verlangsamte) industrielle Produktion weniger, und weniger hastig, gearbeitet werden muß, und daß damit der Lebensrhythmus insgesamt wieder gesünder würde, dem Menschen angemessener? Auch das. Damit, daß durch die arabische Pression die Länder Europas endlich wirklich das „Vereinte Europa" würden? Das war wohl keine spontane Reaktion, sondern eine Reflexion von Leuten mit politischem Verstand. All diese und ähnliche Überlegungen treffen nicht, was eigentlicher Gegenstand des heiteren Einverständnisses war und ist. Dieser Gegenstand ist weniger konkret, wenn man Konkretheit nur jenen Daten zubilligt, die man zählen, messen, wiegen kann. Wenn man aber Konkretheit auch denjenigen Gegenständen zuschreibt, welche unzählbar, unmeßbar, unwägbar unser Leben zu einem spezifisch menschlichen Leben machen, dann ist das, was bewirkt, daß wir Verluste als Gewinne zu erkennen vermögen, in hohem Maße konkret, gegenwärtig, wirklich. Es handelt sich, kurz gesagt, um jene Erscheinung, die wir Geist nennen und die uns angesichts der Energiekrise in Gestalt der Erkenntnis von (zumindest) der Zweitrangigkeit des Materiellen begegnet.

Von der Energiekrise betroffen sein, heißt: ärmer werden. Aber ärmer woran? An jenen Bequemlichkeiten, Verzierungen, Überflüssigkeiten, die weder lebensnotwendig noch geistfördernd noch auch aus sich selber glückbringend sind. Wir Krisen-Erfahrenen aus den älteren Generationen wissen, daß eine solche Art der Verarmung bis zu einem vorher ungeahnten Grad nicht nur erträglich, sondern zuträglich ist, wenn sie verstanden wird als Chance, nicht als Verhängnis, als Wachstumsreiz, nicht als Hemmung, als Fortschritt, nicht als Rückschritt. Der zweite Weltkrieg hinterließ uns in vielseitiger Armut. Es ist gut, sich dies in unser Gedächtnis zurückzurufen und es den Nachgeborenen mitzuteilen. Große Teile der Städte waren zerstört, wir lebten in Luftschutzkellern, in Baracken, in überfüllten Wohnungen, im Winter suchten wir in den Ruinen nach Brennholz, wir stahlen Kohlen aus den Lagern an Bahnhöfen, wir froren trotzdem, wir nähten Mäntel aus alten Pferdedecken, die aus Wehrmachtslagern stammten, wir hatten zu wenig Seife und kein heißes Wasser zum Baden, wir tranken Tee von selbstgesammelten Kräutern, und wir hungerten, denn Lebensmittel waren rationiert, und oft gab es nicht einmal das, was uns zustand. Autos hatten wir längst nicht mehr, Züge verkehrten noch lange nicht, und als sie es endlich taten, brauchte man Erlaubnisscheine der Besatzungsmächte, die Wagen waren überfüllt und ungeheizt, die Fenster durch Bretter ersetzt, und wir waren von der Militärpolizei überwacht, hatten Ausgangssperren, unsere Freiheit war beschnitten auf das Maß von Strafgefangenen, die Urlaub auf Ehrenwort haben; und so blieb es nicht nur für einige Monate, sondern rund drei Jahre, und auch dann wurde es nur langsam besser.

Wie verhielten wir uns in jener Zeit?

Ein Teil verhielt sich, wie clevere, rücksichtslose, unsoziale Leute sich immer verhalten: sie machten Geschäfte mit der Mangelware und den Bedürfnissen der Zeitgenossen, sie hielten den Schwarzen Markt, ihr Weizen blühte; solche Leute sind wetterhart und es wird sie immer geben. Im Hinblick auf das, was der Mensch eigentlich ist, zählen sie nicht.

Aber die anderen, diejenigen, die zählten, was taten sie damals? Verzweifelten sie? Starben sie aus? Sie schrieben Bücher, gründeten Zeitungen und Zeitschriften, schlossen sich zu philosophischen, politischen, literarischen Zirkeln zusammen, suchten neue künstlerische Ausdrucksformen, spielten Theater ohne Bühne, entwickelten neue philosophische und theologische Systeme, kurz: sie entdeckten die Vorrangigkeit des Geistigen, die auch jene des Sozialen einschloß. Man bedurfte, um zu überleben, sowohl geistiger Inhalte als auch einer Gemeinschaft gleicherweise aufs Geistige Gerichteter.

Wirtschaftlich und national gesehen hatten wir einen ungeheuren Rückwurf erfahren, dennoch lebten wir intensiver als je, fühlten uns stärker identisch mit uns selbst und wußten uns auf dem rechten Weg. Inmitten des Rückschritts erlebten wir den Fortschritt. Die totale Krise von damals war einer jener Punkte der Geschichte, an denen der Menschheit die Metanoia angeboten wurde, die Umkehr, das Einschlagen einer neuen Richtung, der Sprung auf die nächst höhere Ebene. Haben wir die Chance genützt? Haben wir uns geändert, wir, die Deutschen, die Europäer, die Menschen, die dem Zusammenbruch ihrer Welt beigewohnt hatten? Die Antwort zumindest der Deutschen, zumindest die augenfällige Antwort, war die ungeheure Anstrengung, die das „Wirtschaftswunder" zustande brachte, den jähen Fortschritt auf allen Gebieten des Materiellen. Wir alle haben gerne daran teilgenommen. Wieso aber dann – hiermit kehren wir auf einen früheren Punkt der Überlegungen zurück – wieso haben viele von uns dann die Energiekrise, also das mögliche Zurückgeworfenwerden im materiellen Fortschritt, mit heiterem Einverständnis begrüßt? Haben diese Einverstandenen vielleicht in sträflichem Leichtsinn nicht alle praktischen Folgen der Krise bedacht, gleich den optimistischen Zeitgenossen Noahs, die nicht an Vernichtung glaubten und darum ertranken? Im Gegenteil: Die Einverstandenen sind weder blind noch leichtfertig, sie wissen was sie meinen und tun, wenn sie den Knick begrüßen, der dem Fortschritt versetzt wurde, indem seine Selbstverständlichkeit und seine Unendlichkeit in Frage gestellt wird. Sie sehen sehr wohl, daß ein Rückschritt im Zivilisatorischen nicht nur eine Unbequemlichkeit wäre, sondern eine Gefahr für unsere Kultur, die, wie es zumindest uns scheint, unlösbar mit der Zivilisation verbunden ist, welche durch das Versiegen der Energiequellen schwer gestört werden kann. Ist also das Einverstandensein mit einer solchen Gefahr nicht Narretei?

Das wäre der Fall, wenn die Einverstandenen sich nicht von den Optimisten wie den Pessimisten gründlich darin unterschieden, daß sie das, was gemeinhin Fortschritt genannt wird, nicht für identisch hielten mit dem eigentlichen Fortschritt der Menschheit.

Ehe wir uns dieser Frage nähern, müssen wir eine andere stellen: woran ist denn der zivilisatorische Fortschritt gebunden? An die reichlich sprudelnden Erdölquellen, an Kohlenhalden, Getreideberge, Viehherden, Goldvorkommen? Wir könnten neben unseren Vorräten verhungern und erfrieren, fehlte es uns plötzlich an dem Antrieb, aus Öl, Kohlen, Weizen etwas zu machen, etwas damit zu tun, etwas zu planen, etwas zu erfinden, kurz: etwas vorwärts zu bewegen. Was uns am Leben hält und was das Leben selbst erhält, ist nicht der Vorrat an Materie, sondern der Vorrat an menschlicher Kraft und Lust, die Materie zu bewegen. Was aber ist es, das den Menschen antreibt, Materie zu bewegen? Es muß etwas sein, was nicht selbst Materie ist oder was etwas enthält, das anders und stärker ist als Materie. Wir nennen dieses seltsame Bewegende: Geist.

Aber ist das nicht ein vorschnell eingesetzter Begriff? Könnte das, was den Menschen antreibt, Materie zu bewegen, nicht das sein, was den Vogel antreibt, ein kunstvolles Nest zu bauen, oder den Biber, sich Holz zu beschaffen für seinen Bau, oder die Wildkaninchen, sich durch Klopfsignale zu verständigen, also etwas, das (aus dem Instinkt durch Erfahrung entwickelter) „technischer Verstand“ genannt werden kann? Aber haben Vögel und Biber ihre Bauweisen verbessert im Laufe der Jahrtausende, haben sie neue Energiequellen erschlossen, haben sie neue Waffen zur Verteidigung ihres Lebens erfunden, haben sie Lesen und Schreiben gelernt, haben sie ein Bewußtsein entwickelt, mit Hilfe dessen sie sich einen Überblick verschaffen können über die gesamte Erde und ihre Stellung in einem Sonnensystem und über die Stellung dieses Sonnensystems im Universum? Haben sie Vorstellungen von Herkunft und Richtung ihres Lebens und des Lebens überhaupt? Haben sie auch nur entfernte Vorformen philosophischer und theologischer Systeme? Seit wir wissen, daß die Lerche nicht zum Lobe Gottes himmelwärts aufsteigt und singt, sondern um ihr irdisches Territorium zu markieren, müssen wir die fromme Deutung ihres Flugliedes fallen lassen. Wenn wir in diesem Aufflug und Morgengesang dennoch ein „Lob des Schöpfers“ erkennen, dann insofern, als der bewußte Mensch zu erkennen vermag, daß jedes Geschöpf mit seinem Dasein das Lob einer mathematisch genau stimmenden Weltordnung singt. Aber das eben ist nicht Meinung und Wissen des Lerchenverstandes, sondern Erkenntnis des menschlichen Geistes. Kurzum: der Mensch ist Mensch durch seinen Geist.

Der Geist hat eine lange Vergangenheit. Ob sie so lang ist wie die des Lebens selbst, ob der Geist so alt ist wie die Materie, ist eine Frage für sich und kann hier nur bedacht werden mit einem Hinweis auf ein Postulat der modernen Physik, daß Materie Geist sei, die nicht als Geist erscheine, und Geist Materie, die nicht als Materie erscheine (Heisenberg, Weizsäcker). Das Zeitalter materialistischer Philosophien ist grundsätzlich vorüber. Die Physik, einst ganz nur Wissenschaft von der materiellen Natur, ist in ihrer Avantgarde durch ihre eigene Methode zur Anerkenntnis des Geistes geführt worden.

Wir dürfen also sagen, daß, wenn die gesamte Natur Geist ist, der Mensch dasjenige Existierende ist, in dem der Geist zu sich selber gekommen ist, oder einfacher gesagt: Der Mensch ist das Lebewesen, das weiß, daß es weiß; oder: das weiß, daß es Geist hat (oder Geist ist; die Distinktion bleibe hier unerörtert).

Wir dürfen weiter sagen, daß das, was unsere Entwicklung an- und vorantrieb, was uns auf unserem nach Jahrmilliarden erreichten Niveau hält, was uns weitertreiben kann, eben der Geist ist.

Nun stellt sich uns die Frage: gibt es für den Menschen eine weitere Entwicklung, wenn der zivilisatorische Fortschritt durch eine lang anhaltende und umfassende Krise (zu welcher die Energiekrise von heute nur der Auftakt wäre) an ihr Ende gelangte? Ist es nicht so, daß das Ende dieses Fortschrittes das Ende der menschlichen Rasse bedeuten würde, zumindest qualitativ gesehen? Nehmen wir an (und wir müssen das ins Auge fassen), daß wir zwar noch für einige Zeit Rohstoffe oder Ersatz für sie haben werden, daß wir aber schon sehr bald vieles nicht mehr haben werden, was wir jetzt noch so selbstverständlich besitzen und benützen und von dem wir annehmen, wir könnten ohne es nicht leben, kurz: wenn wir ärmer werden, und zwar ärmer ohne Aussicht auf Besserung, ärmer ohne die Möglichkeit, theoretische Verbesserungsvorschläge zu verwirklichen, weil Rohstoffe und Energie nicht mehr ausreichen – wird dann nicht allmählich der technische Verstand sich zurückentwickeln, und wird damit auch der Geist verkümmern, und wird dies das Ende der menschlichen Rasse sein? Wer kann eine solche Frage absurd finden? Sie liegt im Bereich des Möglichen.

Nun kehre ich zum zweiten Male zurück zu der Beobachtung, daß viele Zeitgenossen die Aussicht, ärmer zu werden, mit Zustimmung quittierten, ja sich geradezu befreit fühlten. Natürlich ist ein Unterschied zwischen der Aussicht darauf, nicht mehr mit einem eigenen Auto fahren zu können, und der Aussicht darauf, daß überhaupt keine Autos mehr gebaut werden; es ist ein Unterschied zwischen dem Einverständnis damit, den Überfluß abbauen zu müssen, und im wirklich Lebensnotwendigen eingeschränkt zu werden; es ist ein Unterschied, ob wir von unserem Lebensstandard ein wenig heruntergehen oder auf den der brasilianischen Landarbeiter zurückgeworfen werden. Die Frage ist zunächst nicht, wo Armut schlechthin beginnt, sondern wo sie für uns von der Zivilisation Verwöhnte begänne. Die heitere Zustimmung der Zeitgenossen zu einigen Verzichten ist also an sich noch lange keine Garantie dafür, daß diese Einverstandenen auch die Zumutung der Armut annähmen. Aber geäußert hat sich diese Zustimmung nun einmal, also ist der Mensch grundsätzlich fähig zu einem solchen erstaunlichen Akt. In der Tat, er ist dazu fähig, er hat es im Verlauf seiner Geschichte bewiesen: immer gab es einzelne und auch Gruppen, welche dem Wohlstand den Rücken kehrten, den Besitz für nichts erachteten und die Armut wählten. Einsiedler, Aszeten, Mönchsorden und Armutsbewegungen gab es zu allen Zeiten und in verschiedenen Völkern, Kulturkreisen, Religionen. Diese Menschen waren durch keine äußere Not gezwungen, weder eine individuelle noch eine kollektive; sie handelten bewußt und frei. Und was war der Sinn ihrer Wahl? Es war, kurz gesagt, der Wunsch, ihr Leben zu transzendieren, es aus der versklavenden Bindung an die Materie (Besitz, Sexualität, Aggression) zu lösen; anders gesagt: sie wollten „den alten Adam ausziehen, den neuen Menschen anziehen“, der „im Geist und in der Wahrheit lebt“. Diese Menschen, welche sich entschlossen dem Geist zuwandten, waren Vorläufer jener Entwicklung, welche die ganze Menschheit einschlagen soll. Wird sie es tun? Ist es denkbar, daß immer mehr Menschen freiwillig sich vom Bereich des Materiellen abkehren, um ein geistiges Leben zu führen, das heißt: statt immer mehr Besitz zu wollen (sei es durch übermäßige eigene Arbeit, durch scharfen Konkurrenzkampf, durch Ausbeutung anderer) ihren Besitz freiwillig mit anderen teilen; statt anderen zu schaden, sie lieben und ihnen dienen; statt zu töten lieber sich selber töten lassen? Oder werden es immer nur wenige sein, welche sich dem Geist zuwenden? Wird die Menge immer der Materie verhaftet bleiben? Diese Frage ist quälend für jedermann, der sich nicht mit einer privaten Höherentwicklung zufriedengeben und nicht glücklich werden kann, wenn nicht alle gerettet werden.

Vielleicht aber wird die Menschheit unter einem starken Druck, einem „Sachzwang", zu einer Mutation getrieben werden? Gibt es dazu Parallelerscheinungen in der Menschheitsgeschichte? Im Laufe vergangener Jahrmillionen haben, den Funden, Untersuchungen und daran geknüpften Überlegungen der Paläontologen zufolge, die Hominiden (die Vorformen des Menschen) etwas erlebt, was, mutatis mutandis, unserer Situation entspricht: sie wurden von der starken Verschlechterung der Lebensbedingungen gezwungen, ihre Gewohnheiten radikal zu ändern. So mußten zum Beispiel vor vielleicht fünf Millionen Jahren Hominiden, afrikanische Baumaffen, die in ihrer ganzen Existenz vom Wald abhingen, sich auf ein Bodenleben umstellen, als eine Änderung des Klimas einen großen Teil der Wälder vernichtete. Ein Teil der Affen leistete die Umstellung nicht oder nur unvollständig. Ein anderer Zweig dieser Hominiden, der schwächste vielleicht, suchte oder fand durch „Zufall“ eine Methode, sich von den Verschlechterungen des gewohnten Lebens unabhängig zu machen: er erfand die Waffe. Ob er die Waffe erfand, weil er bereits ein besser ausgebildetes Gehirn hatte oder ob sein Gehirn sich durch den Gebrauch der Waffe besser entwickelte, mag Streitfrage der Paläontologen bleiben. Jener Hominide, dem der Einfall kam, sich nicht mehr auf die vorher selbstverständliche und unerschöpflich scheinende Freigebigkeit der Natur zu verlassen, hatte jedenfalls einen ungeheuren Entwicklungssprung getan. Daß er im Sprung schließlich bei der Wasserstoffbombe landen würde, das kümmerte ihn nicht, das durfte ihn offenbar noch nicht kümmern, denn ohne die Waffe hätte er nicht das begründen, entwickeln, halten können, was wir Zivilisation nennen. Das Lebewesen Mensch hatte schicksalshaft die Aufgabe zu erfüllen, sich die „Erde untertan zu machen“: den materiellen Bereich der Erde in Besitz zu nehmen durch Arbeit, das heißt Bewegung und Umformung.

Es ist denkbar, daß die Mehrheit der Hominiden, welche zusah, wie einer von ihnen die Waffe benutzte und damit der Gattung eine neue Richtung der Entwicklung wies, ratlos und verängstigt war, nicht willens, diesen Entwicklungssprung mitzuvollziehen, und darum blieb, was sie war, oder auszusterben begann.

Vielleicht hat Kain den Bruder Abel mit der neuerfundenen Waffe erschlagen, vielleicht wollte aber Abel den Weg Kains nicht gehen und es war nur indirekt die Waffe, die ihn tötete; vielleicht war, woran Abel starb, seine gewollte Unangepaßtheit an die neue Welt, die Kain schuf. Kain jedenfalls lebte weiter. Da er „das Zeichen" auf der Stirn trug („auf der Stirn" ist vielleicht zu deuten als: im Gehirn, und das Zeichen wäre die Entwicklung des technischen Verstandes), durfte niemand ihn töten; er hatte seine Aufgabe zu erfüllen. Und er erfüllte sie. Aber seine Zeit ist, so scheint es, abgelaufen, und er weiß das; daher die ungeheuer geballte Anstrengung der letzten Jahrhunderte, alles zu finden und zu erfinden, was im Bereich der Materie zu finden und zu erfinden ist.

Zu behaupten, Kains Zeit sei (im Prinzip) abgelaufen, ist ein Wagnis. Man kann so einen Satz als bloßen Wunschtraum abtun. Ist nicht das Gegenteil der Fall: gab es jemals soviel politische Gewalttat, soviel brutalen Konkurrenzkampf, soviel getarnte oder unbewußte (aus Angst geborene) Aggression, welche sich als Neurosen und Psychosen äußert und zur Selbsttötung führt, und gab es je eine Zeit, in der gefährlichere Waffen erfunden, erprobt, angewandt, bereitgehalten wurden? Hat sich nicht die Zahl der Atombomben vervielfacht in den letzten Jahren und ist die offizielle Atomwaffenabrüstung nicht eine für uns zurechtgelogene Farce, wenn vielleicht jetzt nicht mehr so viele, aber um so wirksamere Bomben produziert werden? Steht der Mensch praktisch nicht noch immer auf der Stufe der Tiere, von denen jedes einzeln oder als Glied in einer Gruppe sein Territorium verteidigt? Ist Kain nicht, wie eh und je, der Herr der Welt?

Und wo ist Abel? Ist er wirklich tot? Besteht keine Aussicht, daß er je Kain ablösen und das Reich des Friedens gründen könnte? In den großen Mythen der

Menschheit finden wir überall den Gott oder gottähnlichen Helden, der vom neidischen, finsteren, zwar geschickteren aber doch minderwertigen Bruder getötet wird, eine Weile („drei Tage“) im Grabe (oder „im Berg“ oder in der „Unterwelt“) bleibt, dann siegreich aufersteht und ein neues Reich des Lichtes und Friedens gründet. In der Gestalt des Christus Jesus wurde dieser Urmythos, diese Urverheißung an die Menschheit Geschichte und effektive Gegenwärtigkeit.

Auch im Falle Jesu war es Kain, der Abel tötete: Die Botschaft vom Leben im Geist, von der Liebe, dem Frieden war inopportun; was man hören, sehen, haben wollte, das war weltliche Macht und ein materielles „Erdenreich“, statt des von Jesus gemeinten geistigen Himmelreiches.

Solange wir im Reiche Kains leben, vermögen wir die Botschaft Abels nicht zu verstehen. So haben wir denn jahrelang Jesus nur mit Kains Gehirn und Willen verstanden, das heißt: wir meinten, Jesu Reich müsse eine materielle irdische Erscheinung sein, eine reiche, politisch-militante Kirche. Ausnahmen wie Franziskus von Assisi (um nur die bekannteste zu nennen) gab es immer: frühgeborene Kinder des neuen Aion. Aber die Menge verstand nur, was eben Kain, dem Augen und Ohren gebunden waren, verstehen konnte. Erst jetzt, so scheint es, entwickelt sich das Vermögen in uns, mit Abels Mentalität die Botschaft vom immateriellen Friedensreich zu hören und richtig zu interpretieren.

Wird Kain sich bekehren? Kaum. Es wird ihn „immer" geben (was dies „immer" heißt, ist eine Frage, welche nicht Futurologen, sondern Philosophen und Theologen angeht), aber es ist zu vermuten, daß Kain in Zukunft als der nicht-angepaßte Zweig am Stamme der Menschheit sich erweist; er wird bleiben was er ist, während jener, der mit Abel den steilen Aufstieg wagt, die Führung übernimmt und den homo sapiens schafft, den eigentlich menschlichen Menschen, den gott-ähnlichen.

Als die ersten Astronauten auf dem Mond landeten, sagte Wernher von Braun, der Schritt des Menschen zum Mond sei an Bedeutung nur zu vergleichen mit dem ersten Schritt des Lebens aus dem Wasser aufs Festland. Beide Schritte, der biologische wie der technische, gehören jedoch dem Bereich der Materie an und stehen an Bedeutung dem Schritte nach, den die Menschheit jetzt zu tun hat.

„Jetzt", das heißt natürlich nicht in unserem Jahrzehnt: Eine neue Knospe am Lebensstamm entwickelt sich nicht von heute auf morgen. Wenn Kains Reich Millionen Jahre dauerte, können wir nicht erwarten, daß das Neue sich innerhalb von tausend Jahren verwirkliche, wenn auch vermutlich die Zeit eine untergeordnete Rolle spielen und durch Intensität ersetzt werden wird. Das „Neue“ ist jedoch nicht von heute; die Geist-Knospe zeigte sich zuerst, als der Mensch sein eigenes Schicksal „sehen“ konnte, indem er sich von ihm distanzierte und es in Mythen auszudrücken versuchte; sie zeigte sich deutlicher, als der Mensch Religionen und Philosophien erschuf und seine Existenz transzendierte, anders gesagt: als er erkannte, daß er wohl „*in* der Welt, aber nicht *von* der Welt“ ist, wie es der Apostel Paulus ausdrückte, anders gesagt: daß er „Licht vom Lichte, Geist vom Geiste“ ist und als einziges aller Lebewesen nicht mit seiner materiellen Erscheinung identisch ist, sondern fähig, die Gesetze der Materie, der „Natur“, zu übersteigen und das Reich Abels zu gründen.

Was aber ist das wesentlich Neue, das sich vorbereitet? Kann man es überhaupt wissen, oder muß man erst Jahrtausende abwarten, ehe man sehen kann, was aus dem Menschen wird, der den Fortschritt der Zivilisation geleistet und abgelebt hat und nun sich in einer anderen Richtung entwickelt?

Kehren wir wieder zurück zur Energiekrise und zu jener verwunderlichen Reaktion des freudigen Einverstandenseins mit einer Umstellung, die materielle Verluste und Einschränkungen bringt. Die „natürliche“ Reaktion ist das nicht. Kein Lebewesen freut sich, wenn man ihm etwas nimmt, woran es hängt und was es für unentbehrlich hält; jedes wehrt sich gegen solchen Raub. In der Sprache der Verhaltensforschung ausgedrückt: jedes verteidigt sein Territorium. Der Mensch betrachtet als sein Territorium alles, was er (wie er glaubt: zurecht) besitzt: Geld, Grundstück, Haus, Mobilar, Tiere, Maschinen, Erfolg, Macht, Geschlechtspartner, und alle Genüsse, die er sich mit Hilfe von Geld und Macht verschaffen kann. Er rechnet dazu aber auch scheinbar Nicht-Materielles: seine Meinung, seine Ideologie, seine „Wahrheit", und er weiß nicht, daß zwar unter Umständen das von ihm Verteidigte in den Geist-Bereich gehört, aber seine Meinung, es verteidigen zu müssen, und seine Mittel der Verteidigung dem Bereich der Materie entstammen, so alle Kriege und eben auch die „Heiligen Kriege", alle Ketzerverbrennungen, und, ich muß es mir abringen zu denken: auch alle Revolutionen, kurzum alles, was mit Gewalt getan wird. Daß es Kriege und Revolutionen gab, das mußte sein, denn Kains Epoche kannte keine anderen Mittel, die Entwicklung voranzutreiben. Kain verteidigt sich, Kain greift an, Kain läßt nichts aus seinen Klauen und Zähnen, was er der Erde entrissen hat, und es fehlt ihm an Phantasie, sich vorzustellen, daß er anders, radikal anders, denken und handeln könnte.

Wer also anläßlich der Energiekrise, von Existenzangst gepackt, sich noch stärker als sonst an seinen Besitz und seine davon abhängigen Gewohnheiten klammert und potentiell bereit ist, dieses sein Territorium zu verteidigen, der weist sich dadurch als ein „natürliches“ Lebewesen aus, das den Bereich Kains, den Bereich des Materiellen nicht zu lassen vermag und sich dem Aufstieg verweigert.

Daß es aber jene radikal andere Reaktion gibt, die ganz „un-natürlich“ ist, nämlich: seinen Besitz nicht nur nicht zu verteidigen, sondern freiwillig und freudig auf ihn zu verzichten, das ist der Beweis dafür, daß die Geist-Knospe in der Gabelung des Lebensstammes dabei ist, einen neuen Zweig zu treiben.

Wenn wir vorhin fragten, ob man denn wissen könne, wie das Neue aussehe, dann können wir jetzt jedenfalls etwas darüber sagen: es wird in einer neuen Haltung dem Besitz gegenüber bestehen.

Was da so leicht hingesagt werden kann, ist in Wirklichkeit erschreckend revolutionär. Es bedeutet nichts weniger, als daß der Mensch in seiner Geschichte an einem Punkt angelangt ist, an dem er die Schicksalsfrage beantworten muß, ob er bleiben will was er ist: Kain im Reich der Materie, oder ob er werden will was er sein kann: Abel im Reich des Geistes.

Fiele die Entscheidung auf die Verweigerung des Aufstieges, das heißt auf das Verharren im Gewohnten (Anhäufen und Verteidigen des individuellen und nationalen Besitzes im Hinblick auf eine Wertskala, die nur Materielles anzeigt), so könnte geschehen, daß die Menschheit noch für eine Weile weiter Waffen, Autos, Flugzeuge produzierte und benützte, im übrigen aber ein Leben führte, das dem einer Anzahl gemästeter Hühner in einem zu engen Käfig gliche: ein sinnlos sich fristendes, blindlings dem Tod zufallendes Leben, das schlechterdings nicht mehr menschlich wäre. Die Möglichkeit der Entscheidung zu einem solchen Nicht-Leben besteht, und tatsächlich haben viele Leute sich bereits dafür entschieden, ohne sich dessen bewußt zu sein. Die Aussicht, daß die Menschheit oder ein großer Teil sich der Entwicklung verweigern kann, ist für die zum Aufstieg Gewillten mehr als ein anthropologisches Problem, mehr als ein soziologisches, es ist ein umfassender und allezeit scharf gegenwärtiger Schmerz.

Völkerwanderungen gab es immer, denn immer gab es dafür Ursachen: ein zu klein gewordenes Gebiet, Verwüstung durch Naturkatastrophen, Vertreibung durch kriegerische Nachbarn oder Abenteuerlust zu Eroberungszügen, kurzum: die Menschheit war immer in Bewegung. Die Entfernungen zwischen altem und neuem Wohngebiet wurden größer, man wechselte die Kontinente. Heute sind Emigration und Reisen an der Tagesordnung.

Nicht genug: man wandert über den Erdball und ihre Lufthülle hinaus in den Kosmos, man fliegt zum Mond, man erforscht die Möglichkeit dort zu leben, man erforscht mittels Sonden andere Planeten auf diese Möglichkeit hin. Das heißt: man erwägt ernsthaft die Emigration der Erdmenschen auf andere Planeten, da der unsere über kurz oder lang unbrauchbar sein wird. Tatsächlich wird in der NASA schon seit langem die Weltraum-Emigration einer Elite der Menschheit erwogen und vorbereitet. Alle unsre mehr oder minder törichten, aufregenden science fiction-Filme bereiten uns darauf vor als auf etwas Natürliches, Notwendiges.

Allerdings gibt es auch unter den an der Weltraumfahrt Interessierten andere Stimmen, ich hörte sie bei meiner Teilnahme an einem Symposion im „Institut of religion and human development“ in Houston, Texas. Nuclear-Physiker, Astrophysiker, Historiker, Biologen, Chemiker, Psychologen, Philosophen, Theologen verschiedener Konfession sprachen begeistert zum Thema. Sie waren sich einig darin, daß die wissenschaftlichen, technischen und politischen Motive und Ergebnisse der Weltraumfahrt nicht das „eigentlich Gemeinte“ seien, das werde erst nach und nach zutage treten.

Was einen Galilei und einen Columbus antrieb, war etwas anderes als das, wovon sie meinten, es triebe sie, und was sie fanden, war denn auch etwas anderes als das Gesuchte. Der Weltgeist bedient sich des Menschen, ohne sich ihm sofort zu erklären.

Einige Astronauten selbst legen dem Mondflug, an dem sie teilnahmen, eine andere, eine spirituelle Bedeutung bei. James Irvins und Rusty Schweikarts Meinung hörte ich selbst bei einem Gespräch mit ihnen, die Äußerungen der andern entnehme ich Interviews.

„Man entwickelt beim Mondflug ein unmittelbares globales Bewußtsein, ein intensives Unbehagen am Zustand unserer Erde und einen starken Antrieb, helfend einzugreifen.“ (Ed Mitchell).

„Ich habe die Erde von dort oben nicht mehr als Amerikaner erlebt, sondern als Mensch schlechthin." (Tom Stafford).

„Als ich auf dem Rückflug die Erde als kleine blaue Kugel wieder auftauchen sah, wurde ich von einer heftigen Liebe zu ihr erfaßt, und ich beschloß, alles zu tun, um bei ihrer Rettung mitzuhelfen." (Neil Amstrong, der erste, der den Mond betrat.)

„Auf dem Mond fühlte ich Gott wie nie zuvor. Etwas ereignete sich dort mit mir, ich muß es allen Menschen mitteilen. Ich ging zum Mond als Techniker und geistig unwissend, ich kam zurück als ‚humanitarian', der sich als Bruder aller Menschen fühlt." (James Irvin).

„Ich verlor im Welt-Raum meine Identität als Astronaut, ich wurde eins mit allem, mit dem Universum." (Rusty Schweikart). Für Schweikart war besonders wichtig die Erfahrung von der absoluten Abhängigkeit der Astronauten von der Kontrollstation auf der Erde, und das Gefühl, nicht nur von den NASA-Technikern nicht im Stich gelassen zu sein, sondern getragen zu werden „von den Hoffnungen und den Gebeten vieler Menschen".

„Als ich so weit wie nie zuvor entfernt war von den Menschen auf der Erde, fühlte ich mich ihnen so nahe wie nie zuvor." Mike Collins, von dem dieser Satz stammt, spricht auch geradezu davon, daß ihm „der Symbolgehalt des Fluges evident" war: nicht der technische Erfolg war eindrucksvoll, sondern „die transzendentale Erfahrung von der Einheit der ganzen Menschheit *»under God«*."

Die Unruhe des Aufbruchs zu einem neuen geistigen Kontinent wird natürlich besonders heftig gefühlt von der Jugend. Ihr weltweiter Aufstand ist nicht mehr einfach die übliche Unzufriedenheit der jungen Generation mit der älteren, und auch nicht jene mit dem status quo, wie sie unzähligen andern früheren jungen Generationen zum Antrieb der Auflehnung wurde. Heute geht das alles tiefer, es geht ums Ganze, um die radikale Wandlung, nicht nur jene der politischen Zustände, sondern des Menschen überhaupt. Der eigentliche Antrieb zur Revolte ist der dunkel aufgegriffene Befehl der Geschichte, die Menschheit auf einen neuen Weg zu führen.

Wo sich die Unruhe artikuliert, wird folgendes klar:

Erstens: ohne ausdrücklich marxistisch zu sein, betrachtet diese Jugend „Eigentum als Diebstahl." Das verbissene bürgerliche Festhalten an Besitz und an individuellen und klassenmäßigen Privilegien muß aufgegeben werden. Die Sozialisierung muß radikal durchgeführt werden, aber nicht unter politischem Druck, sondern aus Einsicht und in Freiwilligkeit.

Zweitens: das Bewußtsein, daß Haben keinen Wert ist, sondern daß nur die ethische Qualität eines Menschen zählt, muß allgemein werden (und das wird sein, wenn alle ärmer und arm werden).

Drittens: psychologische Kriegsvorbereitungen, Rüstungen, militärische Ausbildung, Kriege aller Größenordnungen sind reiner Atavismus aus einer im Prinzip überholten Phase der Menschheit (Stein- und Eisenzeit). Friede weltweit, nicht nur als Abwesenheit von Krieg sondern als seelische und praktische Haltung ist das Ziel.

Viertens: Die Zeit des materialistischen Denkens ist vorbei. Die Grundursache unsrer allgemeinen Neurose, unsrer unermeßlichen Traurigkeiten, unsrer Todessehnsucht, kommt aus dem Mangel an vitalisierender Hoffnung, die wiederum aus dem Verlust der Religion kommt.

Fünftens: Die Zeit des Nur-einzelnen (des Individualismus) ist vorüber, der Mensch kann nur als Mensch-unter-Menschen existieren, er braucht die Gemeinschaft. Konkurrenzdenken muß verschwinden. Die bürgerlichen Barrikaden zwischen den Menschen und ihr lächerliches und anstößig aggressives Imponiergehabe muß einer offenen Menschlichkeit weichen.

Diese vier Nahziele lassen sich mit einem einzigen Wort sagen: Liebe.

Da aber die Verwirklichung dieses Zieles, von Teilhard de Chardin „amorisation" genannt (Durchliebung der Erde) auf den massiven Widerstand der Reaktionäre stößt und da Jugend immer ungeduldig ist, schlägt das Positive ihres Anliegens ins (vorläufig gesehen) Negative um: in die Resignation der Schwächeren, in den verzweifelten Zorn der Stärkeren. Die einen verbürgern, die andern werden zu linken Terroristen. Daß ein Teil der verwirrten Jugend sich auf die Seite des sich als Ordnungsmacht darstellenden Rechtsextremismus flüchtet, ist nicht verwunderlich: immer hat der Faschismus mit seinen pervertierten Idealen von Manneszucht und Kampfgeist eine irrationale Faszination. Und immer auch hat eine Erscheinung zwei Pole: den rechten und den linken blindwütigen Terrorismus.

Der großen ehrlichen Anspannung der Menschheit zu Frieden, Sozialisierung und Liebe hin entspricht mit dialektischer Notwendigkeit der Aufstand der Hassenden und Zerstörenden.

Andrerseits wendet sich der Haß der Aufbauwilligen und Fähigen vom gehaßten System (nennen wir es der Einfachheit Kapitalismus) auf die unbeweglichen und potenten Träger des Systems. Die Liebe zur Menschheit wird zur Haßliebe und schließlich zum Haß. Aber was da vorübergehend als Terror erscheint, ist immer noch Teil der Entwicklung der Menschheit.

Es ist natürlich für den bürgerlichen Menschen schwierig, den Denk-Bogen so weit zu spannen, daß er auch noch die soziale Revolution umfaßt. Sie vergessen leicht, daß Revolutionen nur dann blutig werden, wenn der Widerstand der Potenten gegen die Evolution dazu zwingt.

Wir sind heute fähig, die großen Umstürze unseres Jahrtausends als sinnvoll und notwendig zu sehen: die englische, die französische, die russische Revolution. Es waren unbequeme, blutige, folgenschwere historische Ereignisse und Phasen der Entwicklung unseres Bewußtseins. So werden wir auch einmal die Jugend-Unruhen mitsamt dem Terrorismus als notwendigen Teil der Geschichte des 20. Jahrhunderts sehen. Wir werden dann auch sehen, daß der Befehl der Geschichte stärker ist als jede Polizeigewalt. Nicht alles, was uns nicht paßt, ist böse. Und nicht alles, was uns richtig erscheint, wird sich als gut erweisen.

Parallel zu den gewalttätigen Versuchen der Sozialisierung unseres Planeten gehen verschiedene Bestrebungen zur Pazifizierung der Völker.

Soviel könne man aber schon jetzt erkennen: die große räumliche Distanz von der Erde gestattete zum ersten Male einen umfassenden Blick auf sie und ließ sie sehen als ein in sich geschlossenes Ganzes einerseits, und andererseits als Teil eines Sonnensystems, welches Teil des Universums ist. Da diese Erde als Ganzes bevölkert ist, ließ sich auch die Erdbevölkerung als ein Ganzes erkennen. Die subjektive Erfahrung der Astronauten vom Ausgesetztsein im Weltraum wurde korrigiert durch die faktische Erfahrung von der hilfreichen Verbindung mit den Menschen auf der Erde: den Technikern der Kontrollstation, aber auch, wie Rusty Schweikart sagte, mit vielen Millionen anderer Menschen, von deren Gebeten und positiven Gedanken sie auf dem Flug begleitet wurden. Von den auf der Erde Gebliebenen wurde die Tat der Astronauten als eine stellvertretende erlebt: was diese wenigen Männer taten, das wagte und leistete in ihnen die Menschheit. So erlebten die im Weltraum und die auf der Erde ihre Zusammengehörigkeit konzentriert und augenfällig, und nahmen damit flüchtig und ahnungsvoll eine Erfahrung voraus, die vollständig und von allen zu machen der Zukunft vorbehalten bleibt: die Erfahrung von der organischen Einheit der ganzen Menschheit.

Die spirituell Veranlagten unter den Astronauten machten darüber hinaus die Erfahrung von der Einheit der Menschheit *»under God«*, mit anderen Worten: sie ahnten die absolute und untrennbare Einheit alles im Kosmos Existierenden überhaupt. Sie machten diese Erfahrung, nachdem sie der Schwerkraft der Erde entronnen waren, gleich wie der religiöse Mystiker seine Erfahrung von der kosmischen Einheit in der Ekstase macht, in welcher sein von allen „Maja"-Täuschungen befreiter Geist dasjenige wahrnimmt, was seine sonst an die Materie gebundenen Sinne nicht wahrnehmen.

Den rational Reflektierenden unter den Astronauten war wichtig die Erfahrung, daß Menschen biologisch zu überleben vermögen, wenn sie auf ihre intellektuellen Fähigkeiten, und daß sie geistig-seelisch zu überleben vermögen, wenn sie auf ihre geistigen Fähigkeiten konzentriert werden. Man kann also auch sagen, daß in den Astronauten im Weltraum die Menschheit eine neue Erfahrung von sich selber gemacht hat.

Die Verbindung zwischen den Gedanken über den Mondflug und dem, was wir mit der Chiffre Energiekrise bezeichnet haben, liegt also nicht darin, daß die Weltraumfahrt eines Tages die Übersiedlung der Menschheit von der gänzlich ausgeplünderten Erde auf einen anderen Planeten oder den Import von Rohstoffen anderer Planeten auf unsere Erde ermöglicht, sondern im Gleichniswert der Raumfahrt: in der Unruhe des Aufbruchs nach einem Ziel, das der Mond zwar nicht *ist*, aber vorläufig symbolisiert; im dunklen Gefühl, es sei Zeit für die Menschheit, die Schwerkraft (das heißt die Bindung an die Materie) zu überwinden; in der Erkenntnis von der Möglichkeit und der Notwendigkeit intensiver Kommunikation eines jeden mit jedem, die schließlich zur endgültigen Einheit der Menschheit führt.

Eine Energiekrise, gleichviel ob sie nun mit vereinter Anstrengung aller Nationen überwunden wird oder nicht oder nur unvollständig oder nur zeitweilig, zeigt uns handgreiflich deutlich, wie die Länder unserer Erde aufeinander angewiesen sind, so daß der Reichtum der einen illusionär wird, wenn die Armut der anderen das Angebot nicht annehmen kann. Unser heutiges Weltwirtschaftssystem ist im Grunde nichts als ein kompliziert gewordenes Reihum-Tauschgeschäft: ich gebe dir Öl, du gibst mir deine technischen Erfahrungen; ich gebe dir Maschinen, du lieferst mir Energie, damit ich sie bauen kann; ich schicke dir Arbeiter, du sicherst mir meinen Export. Und so fort. Wird diese Kette an irgendeiner Stelle unterbrochen, tritt sofort global heillose Verwirrung auf.

Reaktionäre mögen das bedauern. Auch Hitler war damit nicht einverstanden; er träumte den Traum von einem „autarken Deutschen Reich“, das so groß wäre, daß es alle denkbaren Bodenschätze besäße, und so durchorganisiert, daß es alles produzieren könne, was es braucht. Ein in sich eingerolltes, ein sich selbst genügendes Deutschland. Der Plan mußte scheitern, da er der Geschichte zuwiderlief. Die reaktionären, vor allem kriegerischen Versuche dieser Art bewirken heute offenkundig das Gegenteil vom Gewollten: statt der Aufrichtung einzelner mächtiger Reiche den Zusammenschluß von immer mehr Ländern zu „Vereinten Nationen“, die einander stützen. Wozu die Vernunft der geistigen Avantgarde die stets träge Masse nicht bewegen konnte, das geschah und geschieht rascher unter dem Druck der Notwendigkeit. Evolutionen geschehen, so kann man erkennen, immer nur unter

Druck. Eine Menschheit, die, in Machtgruppen geteilt, die Mittel hat, sich zu zerstören, muß, ob es ihr paßt oder nicht, lernen, sich friedlich zu vertragen und den Gegner zum Partner zu machen. Trennende Ideologien und irrationale Vorurteile werden übersprungen um des nackten Überlebens willen. Gemeinsame vitale Interessen erzwingen den Zusammenschluß. Der Weltgeist bedient sich unserer materiellen Krisen, um uns über unseren geistigen Weg zu belehren. So mußten wir wohl auch die beängstigende „Bevölkerungs-Explosion" erleben nicht nur damit wir, um dem allgemeinen Hungertod zu entgehen, neue Arten und Quellen der Ernährung fänden, sondern damit unter dem Druck der Quantität eine neue Qualität der Zusammenarbeit entstehe.

In früheren Zeiten („früher" nicht im Sinne des geschichtlich längst Vergangenen, sondern im Sinne der grundsätzlich überlebten Vorstellungen) löste man die Ernährungsprobleme einer Gruppe kriegerisch: man drang in fremdes Territorium ein, vertrieb die Ansässigen, tötete die Widerständigen. Die Erfahrungen der letzten Kriege haben uns darüber belehrt, daß damit Probleme nur verschoben, nicht gelöst werden. Die jeweiligen Sieger können die eroberten Gebiete nicht ausplündern, weil sie ihrer als Absatzmärkte und militärische Stützpunkte bedürfen; auch werden sie dazu gezwungen, deren Wiederaufbau zu finanzieren. Kriege bringen den Siegern zu wenig faktischen Gewinn, als daß sie noch rentabel wären. Wer durch Kriege vorläufig gewinnt, ist eine quer durch alle Staaten gehende relativ kleine Gruppe Industrieller. Aber auch diese egoistische Struktur ist durch Idee und Praxis des Sozialismus grundsätzlich in Frage gestellt.

Der alte Satz „Eigentum ist Diebstahl" (Proudhon) bekam anläßlich der Ölkrise wieder einmal Aktualität: man mußte sich fragen, mit welchem Recht ein paar Nationen einen Rohstoff, den die Erde gibt und der uns allen zugedacht ist (da die Erde uns allen gehört), als ihr ausschließliches Eigentum betrachten und willkürlich zu eigenem Nutzen und zum Schaden aller anderen Länder damit operieren.

Die Ölkrise bewirkt, daß unser Bewußtsein geschärft wird für die Frage, wer denn Eigentümer dieser unserer Erde sei und ob es dem Menschen erlaubt sei, ein Stück dieser Erde an sich zu reißen und Gewinne daraus zu ziehen, die in keinem Verhältnis zum eigenen Bedarf und zum Aufwand an eigener Arbeit stehen.

Diese Frage ist der zureichende und legitime Grund sozialer Revolutionen. Aber, und dies ist wiederum Neues, das wir lernten: auch soziale Revolutionen in der bisher üblichen Form führen nicht zum gemeinten Ziel: zur Aufhebung machtpolitischer Strukturen, zur „Verbrüderung" aller Menschen, zur friedlichen Einheit der Menschheit. Zwar hat das durch die sozialistische Lehre veränderte Bewußtsein einiges an den Zuständen verändert, aber praktisch traten statt wesentlicher Wandlungen nur Macht-Verschiebungen ein, und was an Sozialismus im Wirtschaftlichen gewonnen wurde, mußte bezahlt werden mit dem Verlust der Freiheit. Die Trauer der großen Renegaten des marxistischen Sozialismus, die erste treibende „Intelligentsia" (Koestler, Silone, Sperber) ist die Trauer über ein enormes Mißverständnis. Statt Einheit wurde eine neue Gruppierung geschaffen: hier die politischen Machthaber, dort die total Kontrollierten.

Da die Menschheit von eh und je einer auseinanderstrebenden Menge störrischer Maulesel gleicht (dem Gott des Alten Testaments riß deshalb von Zeit zu Zeit die Geduld und der des Neuen Testaments hatte allen Anlaß, sogar seine Getreuen töricht und hartköpfig zu nennen), bedarf sie bisweilen eines Stockschlages, wie die Energiekrise einer ist. Da wir, gleich Mauleseln, nur den materiellen Bereich für „Wirklichkeit" nehmen, verstehen wir so einen Stockschlag zunächst nur als Antrieb im materiellen Bereich, etwa so: daß alle europäischen Länder zusammen neue Elektrizitätswerke und neue Kernreaktoren bauen, oder: daß sie die Installation zur Beförderung von Erdgas aus Nordafrika nach Europa beschleunigen. Das sind sicher wichtige Ergebnisse eines Krisendrukkes, aber sie gleichen der Oberflächenschrift auf einem Palimpsest: durchleuchtet man das Papier, so tritt die eigentliche Schrift, die wahre Botschaft zutage: wirtschaftliche Einigungen sind die Zeichen für jene Einigung, der ein gemeinsames geistiges Interesse zugrundeliegt. Aber um uns in die Richtung des Geistes zu stoßen, werden wir zunächst bei unseren materiellen Nöten gepackt. Hier drängt sich einem die Frage auf, ob uns denn der Zwang zu noch größerer materieller Anstrengung nicht in noch größere Abhängigkeit von der Materie bringe. Wir haben zwar keine Garantie dafür, daß der evolutive Schwung, in den uns eine Krise versetzt, wirklich alle erfaßt und weiter trägt. Keine Illusion: ein Teil der Menschen wird vorziehen, im Bereich des Materiellen zu bleiben und zumindest noch eine Weile Fortschritt im alten Sinne zu betreiben. Aber so wie uns die Energiekrise darüber belehrt, daß eine Krise nie nur wirtschaftlicher Natur ist, sondern politischer, und daß politische Veränderungen von Veränderungen des menschlichen Bewußtseins abhängen, so wird uns, falls wir auch dieses Mal unbelehrbar wären, eine neue Krise erwarten. Auch der einzelne Mensch wird immer wieder vor das gleiche Problem gestellt, so lange, bis er endlich das richtige Verhalten gelernt, das richtige Bewußtsein entwickelt hat. Das, was wir heute tun: gedrängt von materiellen Notwendigkeiten wirtschaftlich-politische Interessenblökke bilden, das verhält sich zum Ziel der Menschheit, der Einheit im Geist, wie das Leben eines vom Selbsterhaltungsinstinkt getriebenen Hominiden zum Leben eines Heiligen, der sich für andere opfert. Der Weg ist sehr weit. Aber er ist möglich.

Einigungen höherer Art bestehen bereits: die „Vereinten Nationen“ sind mehr als ein Kontroll-Instrument, das Alarm gibt, wenn irgendwo Feuer ausbricht, mehr auch als eine Küstenwacht, die das Meer absucht nach Schiffen in Seenot; es ist die Vorform eines neuen Gewissens der ganzen Menschheit. Man kann auch sagen, es sei das sichtbare Zeichen dafür, daß das eiserne Naturgesetz, das Darwin formulierte als „Kampf aller gegen alle“ (mit dem Überlebensrecht des Stärkeren), außer Kurs gesetzt werden wird; es gibt in Zukunft keine einzelnen Stärkeren mehr, welche die Herren der Erde wären, es gibt nur mehr eine einzige große Gemeinschaft, die ihre jeweils schwächeren Glieder in ihre Mitte nimmt. Der „Kampf ums Dasein“ wird nicht mehr in der aggressiven Besitznahme und der Verteidigung eines Territoriums bestehen, denn die beiden Motive zu diesem Verhalten fallen weg: die Notwendigkeit, sich im Alleingang Lebensraum und Ernährung zu verschaffen, und der herkömmliche Sittenkodex, nach dem Selbstbestätigung und Einschätzung durch die Mitmenschen vom Besitz an materiellen Gütern (ergo Macht) abhängen.

Ein großer Beitrag ist die Nord-Süd-Kommission, die sich der Not der Dritten Welt annimmt und das enorme Gefälle zwischen den reichen und den ungeheuer armen Ländern auszugleichen sucht.

Es ist durchaus möglich, die menschliche Gesellschaft so zu organisieren, daß jedem das Nötige zufällt und es nicht mehr geschieht, daß ein Teil so viel Brot hat, daß er es ungegessen wegwirft, während der andere Teil verhungert, oder daß, um den Preis eines Lebensmittels in einem Land hochzuhalten, die Ware gehortet wird, während in einem anderen Land die Menschen vor Hunger- oder Kältetod gerettet werden könnten, lieferte man die Ware dorthin unter Verzicht auf hohen Gewinn. Vorläufig verhalten wir aus den industriell hoch entwickelten Ländern uns den unterentwickelten Ländern gegenüber wie die verpönten reichen Gutsbesitzer im zaristischen Rußland, die im Luxus lebten und es für selbstverständlich und gottgewollt nahmen, daß der Reiche reich und der Arme arm bliebe und daß der Reiche der Herr und der Arme der Sklave sei. Lesen wir Bücher, in denen dieser Zustand beschrieben wird, so denken wir, jene Zeiten seien vorüber. Sie sind nicht vorüber, nur die Namen der einen wie der anderen sind geändert. Wenn wir, durch die Pressenachricht von der Hungersnot eines Landes alarmiert, ein wenig Geld dorthin spenden, so verhalten wir uns wie der Reiche, der dem Landarbeiter für sein krankes Kind das Übriggebliebene vom Festmahl schickt. Wir sind nicht eigentlich böse, es fehlt uns nur an Phantasie, das heißt an der Fähigkeit, sich mit anderen so zu identifizieren, daß wir das, wovon in Zeitung, Radio, Fernsehen berichtet wird, erleben wie etwa das uns selbst, *uns allen* geschieht, das *uns allen* weh tut.

Diese Fähigkeit können wir Mitleid nennen, wenn wir den Begriff weit genug spannen und tief genug begründen. Es ist nicht Mitleid, wenn wir beim Gewahrwerden der Not anderer einige Tränen weinen und bereit sind, ein wenig zu helfen, aber gleichzeitig unsere eigene Verschontheit genießen, und die Hilfe, die wir leisten, insgeheim als magische Absicherung gegen eigene Verarmung betrachten. Mitleid ist nicht Sache des Gefühls, sondern der Erkenntnis, nämlich der Erkenntnis davon, daß die Menschheit ein organisches Ganzes ist, so daß das, was diesem Organismus an einer Stelle geschieht, dem Ganzen geschieht. So ist der viel zitierte Satz des Kohelet aus dem „Buch des Predigers" (im Alten Testament) zu verstehen: „Wer das Wissen vermehrt, der vermehrt den Schmerz." Wir können statt Wissen besser Bewußtsein einsetzen: je klarer und stärker ein Mensch sich seiner unauflösbaren Verbindung mit dem Menschheits-Ganzen bewußt ist, desto tiefer leidet er. Schopenhauer sagt dazu: „Der, in welchem der Genius lebt, leidet am meisten." Der Genius: das konzentrierteste Bewußtsein von der Einheit alles Seienden. Daß ein solches Bewußtsein nicht einfach eine Superstruktur des Intellekts ist, die sich aus der sich vermehrenden Komplexität ergibt, sondern eine andere Qualität, beweist seine Verbindlichkeit: während einfaches Wissen zu nichts verpflichtet, treibt das Bewußtsein zur Aktion, zum Dienst am Ganzen und, in höchster Komprimiertheit, zum Selbstopfer.

Bewußtsein *schafft* nicht nur Veränderung der Zustände, es *ist* bereits Veränderung. Eine Zeit, in der sich das durch Informationen angesammelte Wissen von den weltweiten Zusammenhängen zu einem allgemeinen und bereits autonomen Bewußtsein verdichtete, ist schon eine veränderte. In keiner anderen, früheren Zeit ist es (soviel ich weiß) einem Staatsoberhaupt eingefallen, bei einer Regierungserklärung zu sagen: „Die moralische Kraft eines Volkes beweist sich nicht in einer hohen Programmatik von Parteien, einer politischen Führung, einer geistigen Elite, sondern in seiner Bereitschaft zum Mitleiden – in seiner Fähigkeit, denen zu helfen, die Hilfe brauchen – und in seiner Toleranz gegenüber dem anderen. Frieden ist, so verstanden, kein Zustand, sondern eine Lebenshaltung." (Willy Brandt 18. 1. 1973.) In keiner anderen Zeit wäre eine politische Institution wie die UNO möglich gewesen. In keiner anderen ist die Idee des Friedens (nicht als bloßes Übereinkommen des Nichtangriffs und nicht als Pause zwischen Kriegen, sondern als autonomer positiver Wert) über kleine „pazifistische" Gruppen um bestimmte Personen hinausgewachsen, während sie heute zumindest die Jugend sehr vieler Länder quer durch Rassen, religiöse Bekenntnisse und Gesellschaftsschichten erfaßt; sie weigert sich, einen Teil der Menschheit als Feind zu sehen und zu töten, denn (auch wenn sie das nicht gerade so ausdrückt) sie ist sich bewußt, daß das Leid, das sie einem andern zufügt, dem Ganzen geschieht, von dem die Wirkung automatisch wiederum auf den Täter zurückfällt. Nicht die Erfahrung von der Nutzlosigkeit der Kriege schuf die Idee des Friedens, sondern eben diese im Bewußtsein entstandene Idee ließ den Krieg als ein überholtes, nicht mehr erlaubtes Mittel zur Lösung von Konflikten verstehen.

In keiner anderen Zeit griff die Idee des Friedens auf verschiedenste Ideensysteme über. Immer, von einigen kurzlebigen und auf kleine Gruppen beschränkten Ausnahmen abgesehen, hatten bisher alle derartigen Systeme, vor allem gesellschaftspolitischer und religiöser Art, das Streben, sich scharf voneinander abzugrenzen, das Trennende herauszuheben, Gemeinsames nicht gelten zu lassen. Immer galt das Entweder-Oder: entweder du bist Kapitalist oder Sozialist, entweder Heide oder Christ, entweder Jude oder Moslem, entweder Protestant oder Katholik, entweder Monist oder Dualist, entweder konservativ oder progressiv, und so fort. Jede Annäherung eines Systems an ein anderes hieß Verrat; Gesinnungswandel hieß Verlassen der Truppe und Überlaufen zum Feind; Fixiertsein auf ein politisches oder religiöses Dogmensystem hieß treues Festhalten an „der Wahrheit"; Zweifel an der Absolutheit einer „Wahrheit" hieß Sünde, in religiösen Systemen Häresie und wurde mit Lehrverbot, Exkommunikation und Scheiterhaufen, in politischen Systemen mit Ausstoßen aus *der* Partei, mit Gefängnis und Verbannung und Tod bestraft. So blieben die Systeme, unter dem Druck der Gewalt, intakt, gegeneinander abgeschlossen und feindlich. Da aber der menschliche Geist eine unaufhaltsame Entwicklung hat, mußte er eines Tages die Relativität aller Wahrheiten bemerken. Es war Schock und Befreiung zugleich, zu sehen, daß die These, es gebe nur das Entweder-Oder, nicht stimme und daß es das „tertium", von dem die Logik uns gelehrt hatte, es existiere nicht, doch gibt. Es gibt es in der Physik, wo man sah, daß die kleinsten Teile der Materie sich auf kein Entweder-Oder festlegen lassen, sondern sowohl Materie wie Welle sind und damit also ein Drittes. Angesichts dieser beweisbaren These wird es sinnlos zu fragen, was wahrer sei: zu sagen, Elementarteilchen seien Materie, oder zu sagen: sie seien Welle und Kraftfeld. So sind letztlich alle Entweder-Oder-Fragen hinfällig. Zum Beispiel: welches System ist besser, das kapitalistische oder das sozialistische. Nur ein von Vorurteilen blockierter Kopf kann sagen, er wisse *die* Antwort. Der Denkende wird sagen, die Frage sei falsch gestellt, sie könne nur heißen, welches System im Hinblick worauf besser sei. Fragen solcher Art sind:

Ist ein religiöser Glaube das Ergebnis eines menschlichen Wunsches und einer Bedürftigkeit, oder ist er göttliche Offenbarung.

Ist der Mensch ein hochentwickeltes Säugetier oder ein direkter Abkömmling, ein „Direktwurf" Gottes.

Sind wir (potentiell) Erlöste oder wird der Messias erst kommen.

Ist der katholische Glaube wahrer als der islamische.

Ist es besser reich zu sein oder arm, jung oder alt.

Und so fort. Falsche Fragen ergeben falsche Antworten, und falsche Antworten erzeugen falsches Verhalten. Alle ideologischen Kämpfe sind Folge falscher Fragestellungen.

Nun kann man sagen, daß das Fallenlassen der Entweder-Oder-Frage die Relativierung aller Werte bedeute und damit das geistige, ethische, politische Chaos. Das Gegenteil ist der Fall: Je mehr Standpunkte und Aspekte, desto genauer das Ergebnis; je relativistischer gefragt wird, desto mehr Antworten, das heißt desto klarere Erkenntnis der Komplexität einer Erscheinung, und damit desto größere Nähe zur Wahrheit.

An dieser Stelle steht in der ersten Ausgabe meines Buches von 1974 etwas über die positive Rolle der katholischen Kirche zur Evolution. Ich habe diese Stelle jetzt weggelassen, da ich erkannte, daß ich den Beitrag der Kirche als Kirche, als strukturierte gesellschaftliche Form einer Religion, überschätzte. Das reaktionäre Element innerhalb der Kirche hat die großen Impulse des Vatikanischen Konzils überlagert. Die alte unselige Verbindung zwischen katholischer Kirche und reaktionärer antisozialistischer Politik vieler Länder hat sich wieder stabilisiert. Was unter Papst Johannes XXIII. möglich, ja erwünscht war: der Dialog mit *allen* Andersdenkenden, vor allem mit den „Marxisten", die man freilich in Bausch und Bogen gleichsetzte mit „Atheisten", ist jetzt wieder verpönt, und alle Verlautbarungen über Friede, Gerechtigkeit, Sorge um „die Armen" (der Dritten Welt) kann nicht darüber hinwegtäuschen, daß das Prinzip der Kirche von heute nicht Fortschritt ist, sondern Erhaltung des Bestehenden um jeden Preis, ja Rückschritt, Rückkehr zu dem, was einmal richtig war. Alle Verständigungen mit Andersdenkenden gehen über verbale und gestische Freundlichkeiten nicht hinaus. Aber eine Kirche, die das Risiko des Aufstiegs scheut, verliert das Spiel. Was innerhalb der Kirchen verschiedener Konfession aufsteigt an sozialen, sozialistischen, revolutionären religiösen Impulsen, das kommt aus der Jugend. Das Schicksal der Kirchen liegt in den Händen dieser Jugend, nicht in denen der vergreisenden Führungselite.

Jedoch: die reaktionäre Phase der Kirche ist, so steht zu hoffen, eben eine *Phase* und der natürliche Pendelausschlag nach rechts, der dem allzu heftigen nach links folgt. Kein Grund zu besondern Befürchtungen, aber Grund genug zur Wachsamkeit.

Als das erste Jahrtausend zu Ende ging, rechneten viele Menschen damit, daß dieses Zeit-Ende zugleich das Ende jeder Zeit und also jeden Raumes sei: das Ende unsrer Erde und des menschlichen Lebens auf ihr. Man hatte Angst, man „ging in sich", man bekehrte sich, man tat Buße.

Die Zahl tausend scheint magisch zu wirken. Schon einmal hat das Ende eines Jahrtausends eine große Umwälzung gebracht: ein Komet erschien und bezeichnete die Geburt des Messias, der, so dachte man, alsbald Gerichtstag halten und die alte Erde umwandeln werde. Aber die Zeit ging weiter und die Erde blieb unzerstört. Physikalische Begriffe lassen sich nicht anwenden auf geistiges Geschehen. Die Verwandlung der Erde war keine materielle, sie ging unsichtbar vor sich: der Christus begann zu wirken in den Geistern.

Auch das Jahr eintausend brachte das erwartete Zeiten-Ende nicht. Und nun: das Jahr zweitausend, was bringt es? Es ist denkbar, daß unsre Aufgestörtheit, unsre Weltangst, unsre globale Neurose sich verstärkt und zur Massenhysterie wird, und in Kriege und Revolutionen ungeahnten Ausmaßes explodiert. Es ist auch möglich, daß die Menschheit wie das Kaninchen vom Schlangenblick hypnotisiert, das heißt gelähmt wird und in völliger Passivität das Ende erwartet.

Beides ist denkbar.

Aber jene unter uns, die weder das eine noch das andre wollen? Diejenigen, die eigensinnig an das Leben glauben, nicht nur an Überleben, Weiter-Existieren, sondern an Aufstieg? Sind sie Narren? Oder sind sie diejenigen, welche der Menschheit weiterhelfen, hinaufhelfen? Und wer gibt ihnen die Hoffnung, daß ihr Aufwärtsblick nicht Narretei und Illusion ist? Was ist denn das überhaupt, was wir Hoffnung nennen? Eine List der Natur, um sich selber zu erhalten? Nichts als der nackte Selbsterhaltungstrieb, wie ihn auch Tiere haben? Was aber unterscheidet uns dann von Tieren? Haben wir nicht doch ein Mehr an Wissen, an Ahnung wenigstens, wohinaus denn das Leben will?

Der Sohn in der biblischen Parabel verläßt das Elternhaus.

Warum denn? Gings ihm nicht gut? Sein Bruder blieb zuhause. Dem behagte, wie er lebte, er sah keine Notwendigkeit eines riskanten Ausbruchs. Der andre also ging. Er nahm sein Erbe mit. Sein Vater ließ ihn nicht mittellos gehen, und er verstieß ihn nicht, er ließ ihn ziehen.

Es bestand die Notwendigkeit dieses Ziehenlassens und dieses Weggangs. Aber wieso, warum?

Wir kennen heute den Begriff des „Abnabelns" aus der Psychologie. Der junge Mensch muß das Vater- und Mutterhaus verlassen und seinen eigenen Weg suchen. Er muß sich riskieren, um sich selber zu finden. Wer nicht fortgeht, wie der Bruder in der Parabel, der wird nicht erwartet und nicht geschätzt. Er hat das versäumt, was man Individuation nennt; er ist nicht Er-selbst geworden.

Der Sohn ist der Mensch: die beiden Brüder sind die zwei Möglichkeiten der Menschheit: im Nest zu bleiben oder auszubrechen. Konservativismus oder geistiger Fortschritt. Status quo oder Aufstieg. Welchen Sohn liebt der Vater mehr? Erstaunlicherweise den Ausbrecher. Wieso? Einfach deshalb, weil der ihm mehr Sorge machte, weil er um den bangen mußte, weil er den andern in seiner Hut wußte und ihm seine Anwesenheit gewohnt war?

Das ist eine recht bürgerliche Erklärung. Daheimhockende Kinder sind den Eltern bequemer als Ausbrecher. Aber das wollte die Parabel nicht sagen. Es geht um anderes: Um was, das wird erst ganz klar, wenn wir die Geschichte als Teil der Menschheitsgeschichte sehen. Im Vaterhaus bleiben heißt: unbewußt bleiben, keine Eigenperson werden, keine Verantwortung übernehmen, untertan sein, gehorchen, nicht zu sich selber kommen. Das Vaterhaus verlassen heißt: das Risiko der Selbstwerdung eingehen. Dieser Weg führte die Menschheit in die Fremde und, auf dem großen Bogen der Intellektualisierung und des technischen Fortschritts, zuletzt in die Verarmung, ganz zuletzt zu einer so tiefen Armut, daß nur mehr das Essen aus den Schweinetrögen das nackte Überleben gewährte.

Das Erbe war vertan. Keine Spur mehr von großen Abenteuern. Nur mehr die Sorge ums Essen, ums Materielle. Und da, am tiefsten Punkt, taucht der Plan der Heimkehr auf. Aber wie kann der Mensch erwarten, daß sein Vater ihn wieder aufnimmt? Wie kann er wagen zu denken, der Vater ließe ihn überhaupt ins Haus? Was für eine kühne Hoffnung! Aber eben das gehört zum Wesen der Hoffnung, daß sie kühn ist.

Anders als in der Kühnheit der Hoffnung könnte keiner das Leben bestehen. Meist nehmen wir Hoffnung hin als einen selbstverständlichen Besitz. Wir hoffen so wie wir atmen, unbewußt und unaufhörlich, und jede unserer Handlungen ist Ausdruck der Hoffnung. Wenn sie aber eines Tages zerbricht, dann erfahren wir mit Entsetzen, daß mit der Hoffnung zugleich der Wille zum Leben überhaupt dahingeht, und zwar zum Leben nicht nur im biologischen Sinne, sondern zu jener Lebenswirklichkeit, die jedes biologische Leben überlebt und zuletzt allein den Namen Leben tragen wird und „Leben in Ewigkeit“ bedeutet. Das, was jene seltsame Kraft ist, welche die biologische Existenz erhält und bewegt, „Instinkt der Selbsterhaltung“ genannt, das ist für die geistige Existenz der „Trieb“ nach Erhaltung und Entwicklung seines ihm mitgegebenen Anteils am ewig lebendigen Geist, und dieser Trieb ist eben: Hoffnung.

Um genauer zu erfahren, was für eine Kraft denn die Hoffnung sei, ist es hilfreich, eine Unterscheidung zu machen zwischen „auf etwas hoffen“ und „Hoffnung haben“ (oder besser hoffend sein). Auf etwas hoffen bedeutet: wünschen, daß dies oder jenes eintrete, etwa daß man eine Prüfung bestehe, in einer Lotterie gewinne, von einem bestimmten Menschen geliebt werde; es ist immer etwas Gegenständlich-Erfahrbares, Eingegrenztes, deutlich Benennbares, auch wenn es so unbestimmt und ungegenständlich erscheint wie „eine glückliche Zukunft“.

Diese Hoffnung „auf etwas“ ist jedoch nur eine jeweils individuell erlebte Gestalt der Hoffnung, aber nicht die Hoffnung selbst, die vielmehr der mächtige Lebensstrom ist, der alles trägt, was *ist.* Auf etwas hoffen bedeutet: aus diesem Strom eine Handvoll Wasser schöpfen, während man selbst vom Strom getragen wird, ohne daß man ausdrücklich weiß, was das ist, das einen trägt und wohin es einen trägt; genug: es trägt, es garantiert einen Fortgang, eine Ankunft, eine Rettung. Hoffnung ist das, was wir erfahren als zuversichtliches Gefühl vom letzten Endes glücklichen Ausgang des Abenteuers der Evolution: das Ankommen der Menschheit dort, von wo sie ausging: dem Vaterhaus, in dem *alle eins* sind.

Die biblische Erzählung vom verlorenen Sohn wurde bislang, dem allgemein individualistischen Denken und einem alten Moralbegriff entsprechend, interpretiert als die Geschichte des einzelnen Menschen, der als Kind ein „Gotteskind“ war, im Stande der Unschuld und der absoluten Gläubigkeit, dann aber in Unglauben und folglich in Sünde fiel, sich schließlich bekehrte und zum Kinderglauben (zu einer Kirche und deren Moralgesetz) zurückkehrte. So kann man die Erzählung sehen. Aber mir scheint diese Deutung nicht groß genug; mir stellt sich die Erzählung vielmehr dar als die Offenbarung des Weges der Menschheit, der den kosmischen Bogen beschreibt von der Ur-Einheit über die Trennung zur Wiedervereinigung *aller* mit *allem.*

Nun liegt die Frage nahe, ob denn dieser Weg ein zwangsläufiger sei und sich so ereigne wie die biologische Entwicklung vom Einzeller zu immer komplizierteren Lebewesen: als eine Kette von „Automatismen“.

Diese Frage stellt man, besser als an die Biologen und Anthropologen, an die biblische Erzählung selbst.

Dort ist die Rede davon, daß der Vater große Freude hatte über die Rückkehr dieses entlaufenen Sohnes. Hätte der Vater sich so freuen können, wäre der einzige oder auch nur vordringliche Grund zur Rückkehr die miserable (wirtschaftliche) Situation des Sohnes oder eine vom Vater selbst „gemachte“ Nötigung? Der Heimkehr muß, wenn die hohe Freude des Vaters verständlich sein soll, eine freie Entscheidung des Sohnes zugrunde liegen. Es muß also so sein, daß der Sohn auch *nicht* hätte heimkehren können. Er hätte im fernen Land weiter verkommen, er hätte den Selbstmord wählen können. Natürlich kann man sagen, daß die Wahlfreiheit erheblich eingeschränkt war: die nackte Not, die den Selbsterhaltungstrieb aufruft, ist eine Art Zwang; wäre es dem Sohn im fernen Land ausgezeichnet ergangen, so hätte er vermutlich keine Neigung zur Rückkehr empfunden (woraus eine Theologie des Leidens zu entwickeln wäre). Zum Motiv der nackten Not kam aber ein anderes, das nichtmaterieller Natur war, nämlich: die Einsicht in den Zusammenhang zwischen eigener Not und eigener Schuld. Das erfahren wir aus dem inneren Monolog des Sohnes: „Ich will mich aufmachen und zum Vater sagen: ich habe gesündigt ...“. Die Heimkehr ist also eine „Bekehrung“, ein Gesinnungswandel. Nicht der materielle Hunger trieb ihn heim, und was er erhoffte, war nicht die Rückkehr ins Wirtschaftswunderland; das Festmahl, das der Vater ihm bereitete, war nicht Gegenstand der Hoffnung und Erfüllung des Heimkehrers, es war nur äußeres Zeichen, wie die äußere Not (die Hungersnot, die Wirtschaftskrise im fernen Land) nicht der Grund der Umkehr war, sondern nur Anstoß zum Nachdenken darüber, daß nicht ein blindes Schicksal ihn in die Misere gestoßen, sondern daß er selbst dieses Schicksal sich bereitet hatte. Das eigentliche Motiv der Heimkehr war also geistiger Natur. Darum konnte der Sohn sagen: „Ich *will* mich aufmachen ...". Andernfalls hätte er sagen müssen: „Ich kann nicht mehr anders, ich *muß* heimkehren." Wenn auch diesem freien Wollen der unhörbare Heimruf des Vaters (die Erinnerung) zugrunde lag, so entsprach dieser Ruf so genau dem Wunsch und Wesen des Sohnes, daß er die Heimkehr als frei gewollt erfahren konnte. Ungefragt geschah ihm weder Trennung noch Heimkehr. Ungefragt geschieht dem Menschen nichts, und ungefragt geschieht der Menschheit der Aufstieg nicht. Der Mensch ist, so kann vermutet werden, das einzige Lebewesen, das weiß (oder wissen kann), was ihm geschieht, und das entscheiden kann, ob es geschehen soll, denn nur er ist frei, wenn er frei sein will, trotz aller genetisch-biologischen Determiniertheiten.

Wenn wir das astrologische Horoskop als Symbolfigur für die menschliche Lage betrachten, so ist zu sagen, daß keine Konstellation den Menschen zu etwas zwingt; auch der „unveränderliche Grundcharakter“ läßt soviel Freiheitsraum, daß Umwelt und Selbsterziehung Wandlungen bewirken können, freilich immer innerhalb des vorgegebenen Grundmusters, aber so, daß eine Wandlung geradezu eine Umkehr zu werden scheint: das was vorher als Charakter und Schicksal erschien, erweist sich als nur *eine* Seite, nur *eine* Möglichkeit; was in der Wandlung geschieht, ist das entschiedene Hervortreten und Aktivieren der anderen, der bisher latenten Möglichkeiten. Geschieht diese Umkehr plötzlich, so nennt man sie Bekehrung; geschieht sie nach und nach, so kann man sie Wandlung nennen. Freiheit, Sachzwang und jenes schwer Faßbare, aber von vielen Erfahrene, das man Gnade nennt, wirken bei solchen Umkehrungen zusammen.

Daß es Umkehrungen gibt, weiß man aus dem Leben einzelner. Wie aber kann denn die Menschheit „sich bekehren“?

Man möchte, an eine bestimmte, nämlich die individualistische Denkbahn gewöhnt, rasch sagen: Die Menschheit besteht aus Individuen; je mehr Individuen sich wandeln, desto mehr wandelt sich die Menschheit. Aber darin liegt ein Denkfehler: die Menschheit ist nicht eine addierte Zahl von Individuen, sondern sie ist ein Ganzes.

Auch ein menschlicher Leib ist nicht eine Summe von Zellen, sondern eben: ein Leib. Nicht einmal ein

Tisch ist eine Summe von Atomen, sondern eben: ein Tisch. Nimmt man dem Tisch das, was ihn zum Tisch macht, nämlich die bestimmte Form, zu der sich die Atome zusammenschlossen, zerlegt man den Tisch, so ist er kein Tisch mehr, obwohl kein einziges seiner Atome verlorenging. Es ist nicht die Materie, was etwas zu dem macht, was es ist, sondern es ist die vorgegebene Idee von einem Ganzen, einer Gestalt.

So ist auch „die Menschheit“ eine Gestalt-Idee. Sie existiert, seit sie „gedacht“ ist, und sie ist gedacht worden in einem anderen Aion, als, um mit den Worten der Bibel zu sprechen, Gott sie schuf. Was er schuf, war nicht das einzelne materiell Erscheinende, sondern die Idee mit der Tendenz, sich in der Materie zu verkörpern. Gott schuf die *Menschheit,* dann erst kamen *die Menschen* (das „dann“ ist natürlich nicht als Zeit-Punkt in einer Zeit-Linie zu verstehen).

Die buddhistische und die hinduistische Philosophie lehrt das schon seit Tausenden von Jahren, auch in der griechischen Philosophie finden sich Sätze, die wir in dieser Richtung interpretieren können, und ganz ausdrücklich und genau belehrte uns darüber der Meister aus Galiläa; er sagte in überwältigender Einfachheit: „Ich bin der Weinstock, ihr seid die Reben.“

Was heißt das eigentlich. Wir sind so gewöhnt an dieses Bild, daß wir es unreflektiert hinnehmen und uns, wenn überhaupt eine, dann eine falsche Vorstellung davon machen, so als sei mit „Weinstock“ gemeint der holzige Stamm, also das, was übrig bleibt, schneidet man an einem Rebstock die Reben ab, die Zweige, Ranken, Blätter, Trauben, und so, als könne man das alles abschneiden wie Zutaten, sekundäre Erscheinungen. Es ist richtig, daß man einen Rebstock im Winter bis aufs Holz zurückschneiden kann, aber der Stock hat nichts Eiligeres zu tun, als aufs neue Zweige, Ranken, Blätter, also „Reben“ zu treiben; denn: was ist das Holz ohne die Reben? Und was denn ist das: „der Weinstock“? Das ist das Ganze, das unteilbar Ganze, die Verwirklichung der Idee „Weinstock“. Was aber ist denn mit diesem Bild vom unteilbar Ganzen gemeint? Man hat die Bedeutung zeit-verständlich interpretiert als „die christliche Kirche“, so als ob nur sie die Verwirklichung der Idee „Weinstock“ wäre. Der Christus aber kam für *alle,* so wie er (das wird ausdrücklich gelehrt) für *alle* starb. Also ist er *in allen* (und *in allem*). Sein Bild vom Weinstock will uns das sagen. Der Weinstock ist *die* Menschheit, die ein Ganzes ist, weil sie eine Idee ist, die sich verwirklicht auf dieser Erde und in der Materie, in die sich der Christus „incarnierte“ (er wurde Mensch, das heißt er ging in die Materie ein und wurde zum Weinstock, damit wir teil an ihm haben.) Die Menschheit ist also ein einziges Ganzes, gemacht aus der selben Materie, die „Geist ist, welcher nicht als Geist erscheint“.

Als uns Deutschen nach dem zweiten Weltkrieg

das Ausland eine Kollektiv-Schuld am Nationalsozialismus, am Krieg und am Mord vieler Millionen Unschuldiger auflud, wehrten diejenigen unter uns, die keine Nationalsozialisten waren, sich heftig dagegen. Das war verständlich, und doch war es falsch; es war aber genau so falsch, daß das Ausland uns der Allein-Schuld bezichtigte, denn schon ohne eine Philosophie oder Theologie zu bemühen, war offenkundig, daß auch das Ausland tief mit in die Schuld verstrickt war: England und Frankreich lieferten Waffen an Hitler, damit er die Russen besiege und den Kommunismus ausrotte, welcher den westlichen Kapitalismus (der Waffenlieferanten) bedrohte; auch die USA waren daran interessiert, und selbst die katholische Kirche, im Wesen antifaschistisch, machte mit Hitler das berüchtigte Konkordat, denn auch sie erhoffte von Hitler Schutz gegen den Kommunismus (obgleich dieser „Schutz" zum kriegerischen Kampf führen *mußte*). Kein Volk der Erde nahm sich in purer Hilfsbereitschaft der von Hitler verfolgten Juden an; so wurden alle Völker der Erde in negativer Form mitschuldig an Krieg und Mord, wenn nicht an diesem, so doch an anderen Kriegen.

Wir sehen an gegenwärtigen und handgreiflichen Ereignissen, daß es kein „völkisches Schicksal" mehr geben kann, und daß das, was ein Staat tut oder erleidet, seine Kreise in der gesamten Weltpolitik und Weltwirtschaft zieht.

Wir haben auch durch die Arbeit des „Umweltschutzes“ gelernt, daß kein Mensch sich wirklich effektiv der Vergiftung unserer Erde entziehen kann; selbst die Flucht auf kleine Inseln, wie vorgeschlagen wurde, hilft nicht auf die Dauer und gründlich, denn Luft ist überall und damit giftiges Gas, das Wasser ist überall verschmutzt, die Nahrung überall verseucht, und Radioaktivität ist überall. Es gibt nur vorläufige und gradweise Unterschiede. Und umgekehrt: wenn ich Auto fahre, trage ich unweigerlich bei zur Vergiftung aller Menschen, eingeschlossen meiner selbst und meiner Kinder. Wenn ich meine Pflanzen mit einem Insektengift besprühe, so vergifte ich die Nahrung der Vögel, die das Gift weitertragen, bis es wieder zu mir zurückkehrt.

Es gibt keine Flucht aus dem Ganzen. Es gibt kein biologisches Einzelschicksal mehr, und kein Reichtum hilft mehr; die Kinder der Kapitalisten und der Arbeiter, der Machthaber wie der Unterdrückten, atmen, essen, trinken die gleichen Gifte und sterben an den gleichen Krankheiten.

Aber selbst wenn wir endlich alle verstünden, daß das biologische Überleben jedes einzelnen vom Überleben der ganzen Menschheit abhängt, so haben wir noch lange nicht begriffen, was uns das Bild vom Weinstock sagt. Das biologische Überleben scheint uns zwar begehrenswert und wir identifizieren es mit

Leben schlechthin; aber was für ein Leben wäre das, das nicht auch Geist wäre: ein bloßes Vor-sich-hin-Existieren zwischen Geburt und Tod.

Davon spricht der Christus sicher nicht, wenn er sich den Weinstock und uns die Reben nennt, denn er selbst ist der incarnierte Geist, die *andere* Erscheinungsform der Materie, und wenn *Er* Geist ist, so sind es auch wir, wenn sein Bild Sinn hat. Was uns mit ihm und folglich untereinander eint (untrennbar wie die Rebe mit dem Weinstock), das ist die gemeinsame Teilhabe am Geist.

Wir konnten das fast 2000 Jahre mißverstehen und auf eine Gruppe beziehen: auf die christliche Gemeinde. Heute müssen wir uns dazu bequemen umzudenken. Ein negatives Element von schwerer Gefährlichkeit zwingt uns dazu: die Übervölkerung unserer Erde. Wir sind zu viele einzelne, sagen wir, die Menschen zählend. Wir sind *ein* einziges Ganzes, müssen wir sagen. Wir sind zahlenmäßig zu viele, aber dieser Überdruck ist offenbar nötig, uns die Vielzahl als eine Ein-Zahl begreifen zu machen. *Die* Menschheit, das ist nicht einfach eine höhere Quantität, sondern eine andere Qualität, so wie „die Familie“ nicht eine Addition von Mann und Frau und Kind ist, sondern etwas Neues, eine andere Qualität.

Wir haben von jetzt ab nicht mit soundso vielen

Leuten zu rechnen, sondern mit der *einen* Zahl: Menschheit. Beim Umlernen hilft uns das globale System der Nachrichten-Übermittlung. Früher wußte man nur, was in nächster Umgebung geschah; über die Landesgrenzen hinaus wußte man nicht viel, nichts Genaues, und so ging es einen auch nichts an. Heute wissen wir, was andere Länder tun und erleiden. Es ist schon etwas anderes, sagen zu hören, daß irgendwo Kinder in Massen den Hungertod sterben, oder auf dem Fernsehschirm zu sehen, daß an einem bestimmten Ort, in Indien etwa, tatsächlich verhungerte Kinder auf der Straße liegen. Die materielle Konkretheit solcher Nachrichten trifft uns als geistiger Anruf.

Natürlich versuchen wir solche Bilder und Anrufe zu verdrängen, denn sie sind unbequem, sie stören unser Gleichgewicht und Wohlbefinden, sie machen uns ein schlechtes Gewissen. Aber ganz verdrängen lassen sie sich nicht, und Zug um Zug werden wir bewußter in die Realität des Menschheits-Schicksals hineinverwoben. Es wird uns nicht mehr genügen, einem Aufruf der Caritas folgend, Geld zu spenden für ein Hungergebiet, und dann die Kühltruhe mit unnötigen kostspieligen Lebensmitteln zu füllen, sondern wir werden *spüren*, daß der Hunger der anderen auch der unsere ist. Nicht nur das: sondern daß jeder Schmerz der anderen der unsere ist, so daß wir aufhören werden, uns für uns selber „Glück" zu wünschen; das individuelle Glück wird uns keines mehr sein.

Wer nun sagt, das sei eine absurde Forderung, der ist eben noch nicht im Aufstieg oder wird nie aufsteigen. Vor allem jene Leute, die sich Christen nennen und sich sogar wirklich dafür halten, müssen wissen, daß sie tote Zweige am Weinstock sind, wenn sie sich nicht *eins* wissen mit dem ganzen Weinstock, der die Menschheit ist, getragen von Christus.

Dieser Sachverhalt ist uns in einer anderen, bildlosen, direkten Erzählung übermittelt: jener vom End-Gericht mit der Erklärung, nach welchem Gesetz die Menschheit beurteilt wird. Dieses Gesetz sind nicht die mosaischen Tafeln, nicht die „Kirchengebote", nicht das Bürgerliche Gesetzbuch. Jesus überblickt die Scharen und sagt zu den einen: „Kommt her, Ihr seid angekommen, Ihr seid gerettet, denn Ihr habt mich gespeist, als ich Hunger hatte, Ihr habt mich gekleidet, Ihr habt Euch um mich gekümmert als ich im Gefängnis und im Krankenhaus war, Ihr habt meine Tränen getrocknet." Zu den anderen: „Geht weg, Ihr habt mich seelenruhig hungern und dürsten und frieren lassen, Euch war es gleichgültig oder sogar recht, daß ich im Gefängnis war, und meine Krankheit und meine Einsamkeit hat Euch nicht bewegt." Die also Angesprochenen reagieren gleicherweise erstaunt: „Wann sind wir Dir denn je begegnet?" Sie *sind* ihm begegnet, jeder von uns begegnet ihm täglich, denn jeder Mensch *ist er.*

Das lesen wir, das hören wir so an und es scheint uns, falls es uns überhaupt ins Bewußtsein dringt, als eine schöne, aber für uns unverbindliche Rede. Jedoch sie ist wörtlich zu nehmen und höchst verbindlich. Die fernöstlichen Philosophien sagen von *allem*, nicht nur vom Menschen: *„Das bist Du"*. Sie beziehen auch die Tiere ein, und mit Recht, denn *alles*, was existiert, ist aus dem gleichen Stoff gemacht, nämlich aus einem, der Materie und Geist zugleich ist.

Das also ist es, was uns das Bild vom Weinstock sagt: die Menschheit ist keine enorme und allzu große Zahl von Individuen, auch keine Zweck-Organisation wie der Ameisenstaat, nicht einmal eine Art vielzelliger Organismus wie das Bienenvolk, auch nicht eine zum bloßen Zweck des Überlebens zusammengeschlossene Herde, sondern etwas grundsätzlich anderes, eine neue Qualität, höchst komplex und höchst einfach, absolut *eins* vom Ursprung her und *eins* im letzten Ziel, aber auf dem Wege zwischen Herkunft und Ziel begabt mit der Fähigkeit, diese Einheit zu wollen oder nicht zu wollen.

Hier liegt die Frage nahe, ob, wie es unsere Hoffnung, dieser Geist-Instinkt, sagt, denn nicht schon die Entscheidung über unsere allgemeine und ausnahmslose Rettung gefallen sei, als der Christus erschien. Kam er nicht gerade deshalb, um *alle* heimzuholen? Wird denn am Ende der Zeiten noch etwas anderes sein außer Einheit? Werden alle verlorenen Söhne heimgekehrt sein? Wird „Luzifers Reich“ wieder eingegliedert ins „Himmelreich“? Eine Frage, mit welcher sich Theologen und Heilige aller Zeiten beschäftigten. Im 3. Jahrhundert sagte Origenes, daß auch der Teufel erlöst werde, und die heilige Therese von Lisieux sagte, sie wolle nicht im Himmel sein, wenn auch nur eine einzige Seele in der Hölle sei. Vermutlich kann niemand „im Himmel“ sein, der eine Rettung ertrüge, die nicht die Rettung *aller* wäre. Vermutlich gibt es gar keine Rettung außer der Rettung des Ganzen. Der „Heimkehr-Instinkt“ ist überall zu finden, auch bei den scheinbar mit Haut und Haar dem atheistischen Materialismus verfallenen Söhnen, denen der Glaube an die soziale irdische Gerechtigkeit schon heute nicht mehr genügt. Abel, der neue Mensch, der Gerechte, der Heilige, treibt an vielen Orten zugleich die Evolution des homo sapiens voran, und es ist denkbar, daß diejenigen, die am weitesten fortgegangen waren vom Vaterhaus, am frühesten und entschiedensten heimkehren; vielleicht erweist die Raschheit der Rückkehr, daß sie gar nicht so weit weggewesen waren.

Jemand, der zwar an die Notwendigkeit einer allgemeinen Heimkehr ins Geist-Vaterhaus glaubt, aber angesichts des verworrenen Zustands der Menschheit nicht daran glauben kann, daß jemals eine geistige Ordnung entstehe, wird hier in einen Konflikt geraten, der ihn zur Verzweiflung bringen muß. Er wird sich dann vielleicht in die konservative theologische Meinung retten, daß es eben doch nur „wenige Auserwählte“ gebe, während die anderen, die Vielen, „nicht gerettet“ werden. Wir haben, auch wenn wir es nicht zugeben, eine Vorstellung von der „Hölle“. Es scheint uns gerecht und also nötig, daß „böse Menschen“ schließlich bestraft werden, wobei wir einräumen, daß es nur ganz wenige böse Menschen gebe. Meine eigene Vorstellung ist eine andere (da wir keine verbindliche Vorstellung von ihr haben, ist es erlaubt und auch gar nicht anders möglich, als daß sich jeder ein Bild mache): Die Hölle ist der Zustand radikaler und selbstgewählter Geistlosigkeit, die Entscheidung zum Verharren im Materiellen, das Sich-selber-Ausschließen von der Seligkeit des Aufstiegs, die Selbstverdammung zur absoluten Isolierung, zur Nie-wieder-Heimkehr ins gemeinsame Vaterhaus, kurz: die endgültige Verweigerung der Evolution.

Alle schweren Frustrationen, an denen heute gelitten wird, zeigen an, worin die „Verdammung“ bestehen muß. Aber sie *kann* nicht „ewig“ sein. Es kann nicht die Alternative geben zwischen „gerettet“ und „verloren“, es kann nur eine Frage der „Zeit“ sein (wobei unter „Zeit“ verschiedene Bedingungen gemeint sind), daß *alle* wieder in das *eine Ganze* integriert sind.

Wissen wir eigentlich, wie wir uns verhalten müssen, besser: wie wir sein müssen, um zu den Nicht-Verlorenen zu gehören? Wir haben unsere Vorstellung vom „guten Menschen“. Aber was genau ist denn das: gut sein?

Ein Mann wurde auf der Straße überfallen, bestohlen und, halb tot geschlagen, liegengelassen. Zwei Angehörige der Priesterkaste gingen vorbei und halfen nicht. Der Dritte war ein Kaufmann, er nahm sich des Verwundeten an, verband ihn, brachte ihn in ein Gasthaus, hinterließ Geld zu seiner Pflege und stellte seine Rückkehr fest in Aussicht, denn er wollte dem Wirt das, was die Pflege über die hinterlassene Summe hinaus kosten würde, bezahlen, und wissen, wie es dem Verwundeten erging. Eine zweckmäßige, spontane, großzügige Hilfe. Der Kaufmann war dem Verwundeten ein Fremder, es bestand kein Interesse für ihn, im Gegenteil: die beiden gehörten zwei Staaten an, die etwa so zueinander gestanden haben konnten wie heute Israeli und Syrer während des Waffenstillstands. (Die Geschichte spielt in Palästina.) *Warum* half der Kaufmann dem Fremden?

Die Antwort auf diese simple Frage ist keineswegs einfach. Wäre der Verwundete ein Angehöriger der Familie des Kaufmanns gewesen, so könnte man von einem programmierten Verhalten reden. Wäre er ein Geschäftspartner gewesen, so konnte das Motiv einfache Berechnung sein: „eine Hand wäscht die andere“, und „Wohltun trägt Zinsen“. Wäre er Angehöriger des eigenen Volkes gewesen, so konnten die beiden genannten Motive zusammenfallen; es konnte auch sein, daß es ein Gesetz gab, nach dem es strafbar wäre, einen

Verwundeten hilflos liegenzulassen. Wäre er ein Freund gewesen, so konnte das Motiv ein natürliches Gefühl sein, das sich als liebende Zuneigung spontan äußerte. Von alldem traf nichts zu, der Verwundete war ein Fremder aus einem nicht-verbündeten Land.

Warum also half der Mann.

Ein materialistischer Soziologe kann sagen, der Grund liege in einer gesellschaftlichen Notwendigkeit: Da jeder auf andere angewiesen ist, sei eine solche Art der Kollaboration zweckmäßig. Aber wieso? Haben wir nicht das Gesetz vom „Kampf ums Dasein" zur Regelung des Zusammenlebens? Was machte es schon aus, wenn ein Besitzender ausgeraubt wird? Ist sein Besitz nicht selber Diebstahl, ist der Besitzende anders als durch Unrecht (gewaltsame Eroberung, Ausbeutung) zu seinem Besitz gelangt? Wenn er bei diesem Straßen-Überfall verwundet oder getötet wird, so ist das nichts als „natürlich". Der Räuber riskiert sein eigenes Leben. Ist er stärker als der andere, nun gut, einer muß unterliegen. Im übrigen ist so eine Sache wie die mit diesem Palästinenser ein Einzelfall ohne gesellschaftliche und politische Relevanz, vielmehr nur Ausdruck einer bürgerlich-individualistischen Sentimentalität.

So hätten denn die beiden Israeliten recht gehandelt, als sie den Verwundeten liegenließen? So hätte denn jeder von uns recht, der andern nicht hilft?

Was in uns widerspricht hier, was empört sich sogar? Ein Gefühl (oder ein Bewußtsein) von der Verantwortung, die jeder für jeden trägt. Aber woher kommt uns so ein Gefühl oder Bewußtsein? Wir haben uns rasch daran gewöhnt, menschliches Verhalten mit den Beobachtungen der Tierverhaltens-Forschung zu vergleichen. Nun: gibt es den Hilfs-Instinkt auch bei Tieren?

Alles Menschliche hat seine Vorformen: auch Tiere können einander helfen; so nehmen sie im Rudel die Schwächeren in die Mitte, auch die Kranken und Verletzten; so adoptieren sie mutterlose Junge; so lecken sie einander die Wunden; so nehmen Zugvögel Rücksicht auf die Untüchtigen. Es scheint dem Leben die Neigung zum „Gutsein" eingeboren zu sein. Der Mythos vom Paradies, wo das Lamm neben dem Wolf liegt, deutet die ursprüngliche Sympathie allen Lebens an. Sie wurde pervertiert durch den Menschen. Seit uns die Wissenschaft der „Umweltforschung" das Bewußtsein für die Schuld des Menschen am miserablen Zustand der Natur geweckt und geschärft hat, erscheint uns die Geschichte vom „Sündenfall" und dessen Folgen für *alle* Lebewesen durchaus plausibel und real, so wie uns der Satz des Apostels Paulus plausibel werden kann, daß die *gesamte* Schöpfung auf die Erlösung harre.

Es ist anzunehmen, daß der gesamten Schöpfung eine Strebung innewohnt, die man Sympathie nennen kann, wenn man das Wort Liebe nicht gebrauchen will und es nur im Sinne der *bewußt* gewordenen Sympathie verwenden will. Der Strom der Sympathie tritt überall dort zutage, wo der Überbau des Daseinskampfes durchlässig dafür ist, und er wird durchlässig dort, wo jemand, der selbst gelitten hat oder seine Leidensfähigkeit fühlt, einen andern leiden sieht. Psychologisch gesprochen ist das, was dabei geschieht, eine Identifikation, die bei dem Kaufmann aus Palästina, in einen inneren Monolog gefaßt, so lautete: „Dir geschah etwas Böses, ich vermag es mitzufühlen als sei es mir geschehen, und es *ist* tatsächlich mir geschehen, denn Du bist ich und ich bin Du.“ Diese Identifikation ist ausgedrückt im christlichen Liebesgebot: „Du sollst deinen Nächsten lieben wie dich selbst“, wobei das *wie* besser mit *als* übersetzt werden sollte. Das Höchstmaß an Fähigkeit zur Identifikation besaß Jesus, der, als kosmischer Christus, die Not des endlichen Menschen erfahren wollte, weil er *eins* mit der Menschheit sein wollte.

Jede Sympathie auf Erden ist Abglanz jener Sympathie, die das Universum hält, aber eben nur Abglanz, eine vielfach überlagerte Fähigkeit, nicht stark genug, um die Menschheit zu einer friedlichen, in voller Verantwortlichkeit einander helfenden Gemeinschaft zu machen. Da diese Sympathie nicht ausreicht, um eine anarchische Gesellschaft möglich zu machen (eine, in der das einzige Gebot, das der Liebe, hinreicht, um das

Zusammenleben zu regeln), braucht die Menschheit das, was man Ordnung nennt: die zum äußeren Gesetz gemachte Verantwortlichkeit, die freiwillig noch nicht geleistet wird.

Was ist das aber: Ordnung? Und woher kommt uns denn der Einfall, Ordnungen aufzustellen?

Der Psychologe kann sagen, das habe mit dem Selbsterhaltungstrieb zu tun: angesichts des Chaos, in dem der Mensch lebt, verfiele er der Urangst, und weil er das fühlt und fürchtet, schaffe er sich einen Schutz, indem er eine Sinnstruktur erfindet und sie als für die Gesellschaft verbindlich erklärt.

Der Soziologe kann sagen, wir wüßten aus der Tierverhaltensforschung, daß jede Gruppe sich eine Ordnung schaffe: der Stärkste wirft sich zum Führer auf und gibt der Gruppe eine Struktur, indem er sie nach außen abgrenzt und nach innen mittels der „Hack-Ordnung" in Disziplin hält.

So wäre denn die Ordnung, welche Menschen aufstellen, nichts anderes als eine komplexe Variante der Hackordnung der Tiere? Pessimisten unter uns bestätigen das, auf die Realität verweisend, in welcher der stärkere Mensch auf den schwächeren hackt; die Mittel, mit dem die ganze menschliche Hierarchie der Hackenden und Gehackten regiert wird, sind Gewalt und Angst.

Ist diese nicht abzuleugnende menschliche Hackordnung nicht allzu weit entfernt von jener Ordnung, die aus der Sympathie stammt, als daß man überhaupt eine Brücke sehen könnte? Die Brücke aber existiert: jeder Art von Ordnung, auch der pervertierten, liegt zugrunde die Idee der Ordnung überhaupt. Die „Natur" jedenfalls ist geordnet, jeder Physiker, jeder Astronom, jeder Biologe kann diese Ordnung, die er aus seinem Arbeitsbereich kennt, in Zahlen ausdrükken, und diese Zahlen entsprechen einander so, daß man von einer geordneten Einheit der Natur sprechen kann.

Wer aber kann sagen, wie weit „Natur" reicht und wo etwas beginnt, was dieser in Zahlen ausdrückbaren Ordnung nicht mehr angehört? Mit Hilfe der modernen Physik, die in ihrer Spitze schon wieder Philosophie ist, können wir „Natur" immer weiter fassen. Die Grenze zwischen Natur und dem, was wir bisher „Über-Natur" nannten, ist (ähnlich wie Raum, Zeit, Kausalität) ein Hilfsmittel zur vorläufigen denkerischen Bewältigung der Überfülle der uns umgebenden und bedrängenden Gestalten und Phänomene, nur eine gedachte Linie zwischen dem, was wir schon wissen (oder zu wissen meinen) und dem, was wir noch nicht wissen (oder vergessen haben). Wenn die von uns als geordnet verstandene Natur aber immer weiter in den Kosmos reicht und immer abstraktere Erkenntnismethoden fordert, so können wir annehmen, daß der ganze Kosmos, also auch das menschliche Leben auf unserer Erde, der Idee der Ordnung unterstellt ist. Das, was uns als Un-Ordnung begegnet, ist eine zeitweilige krisenhafte Verwirrung, ungeachtet derer die Ordnung sich immer wieder durchsetzt. Wir selbst sind auf Ordnung hin angelegt: wir finden das Unordentliche nicht „schön" und nicht „gut"; wir tun nichts anderes im Leben, als das uns bedrohend erscheinende Chaos zu ordnen, wobei freilich die Ansichten über die *Form* der Ordnung verschiedene sind. Die Ordnung eines Spätbürgerlichen ist (wenigstens vordergründig) eine andere als jene des Revolutionärs oder jene des religiösen Weisen. Die Hackordnung ist nicht die Ordnung einer modernen linken Kommune und diese ist nicht die Ordnung einer monastischen Gemeinschaft. Die höchste Ordnung ist jene, welche sich selber aufhebt: die heilige Anarchie jener, die kein Gesetz mehr brauchen, weil sie lieben.

Im Augenblick steht die Menschheit noch näher an der Hackordnung des Hühnerhofs als an der himmlischen Ordnung der Liebe. Zurückkehrend zu unserer Frage, was denn den palästinensischen Kaufmann zu seiner Hilfeleistung bewog, können wir jetzt sagen, endlich das richtige Wort einsetzend, es war *die Liebe*. Unter Liebe ist nicht jene Nächstenliebe zu verstehen, die uns zwingt, mit zusammengebissenen Zähnen eine moralische Pflichtübung abzuleisten, sondern jene ungeheure dynamische Kraft, die auf die Einheit alles

Lebens zielt. Teilhard de Chardin fand dafür das Wort „Amorisation“, was man übersetzen kann mit „Durchliebung“ oder auch: Vergeistigung alles Seienden (denn Liebe ist gleich Geist).

Jetzt aber kehren wir aus kosmischen Räumen und Aionen zurück in unsern heutigen, so klein scheinenden Alltag und zu einem Denken „im Parterre“. Was haben denn diese hohen Flüge damit zu tun, was bedeuten sie angesichts der konkreten Not einer Wirtschaftskrise, deren Verlauf noch nicht einmal abzusehen ist? Es wird sich zeigen, daß der Zusammenhang weit enger und weit konkreter ist als es scheinen mag.

Wirtschaftskrisen können im einzelnen analysiert werden, dafür gibt es Fachleute und eine Fachsprache. Diese Sprache ist dem Laien ein Hexen-Einmaleins, und sie ist es nicht etwa nur von der Schwierigkeit der Sache, sondern von der gesellschaftlich-politischen Absicht her: was nämlich von den Mächtigen auf dem internationalen Markt ausgehandelt und abgesprochen wird, *soll* der Laie nicht verstehen, er soll blind glauben, daß das Unverständliche auch das Unanfechtbare und Unabänderliche ist. Sobald er die Sache (die häufig wirklich ein „Kuhhandel“ ist, besonders im Bereich der Rüstungs-Industrie) wirklich durchschaute, würde er sie ändern wollen, falls er nicht sich lieber selbst auf die Seite der Mächtigen schlägt und sich seinen Brokken an Geld und Macht aus dem Hexenkessel fischt.

Aber auch der allgemein politisch interessierte Laie begreift, daß das Gesetz von Angebot und Nachfrage manipuliert wird ohne Rücksicht auf die wirklichen Bedürfnisse der Menschen, vielmehr einzig im Hinblick auf Höchstgewinne einer kleinen Gruppe, die uns anderen ein wenig teilnehmen läßt am Gewinn, damit wir friedlich bleiben. Satte Hunde beißen nicht, darauf spekuliert man. Natürlich wird jeder Wirtschaftspolitiker diese Behauptung als naiv abtun, das ändert aber nichts daran, daß die Behauptung der Sache nach wahr ist, so wahr wie der simple Satz, daß die Güter dieser Erde ungerecht verteilt sind. Wären die einzelnen Staaten auf unserer Erde bereit, das, was jeweils nur sie haben, auszuführen ohne einzig an den Höchstgewinn zu denken, so gäbe es viele Krisen nicht, so wie es keine Armen und Elenden gäbe, wenn es keine allzu Reichen gäbe. Was für ein aufreizend naiver Satz. Lassen wir ihn so stehen.

Nehmen wir inzwischen an, in einem Raumschiff käme von einem fernen Planeten ein Wesen, eine Intelligenz, auf unsere Erde. Nehmen wir an, jener ferne Planet sei vollkommen durchsozialisiert, ohne daß es dort je eine marxistische Ideologie und eine Oktoberrevolution gegeben habe, da dies nicht nötig war, es sei dort selbstverständlich, daß alles allen gehöre, daß darum jeder habe was er brauche, daß keiner mehr beanspruche als er brauche, weil keinem am Besitz gelegen sei, sondern an Friede, Freundschaft, Heiterkeit, Liebe, Geist. Dieses Wesen sähe bestürzt den Zustand unserer Erde, es sähe in einigen Ländern Menschen den Hungertod sterben und in anderen die Lebensmittelläden überquellen, die Leute fett gemästet und die Kinder Brot und Kuchen wegwerfend; es sähe in einigen Ländern Villen mit zehn Zimmern für drei Menschen, in anderen Wellblechhütten mit einem einzigen Raum für zehn Menschen; es sähe, wie man Lebensmittel aus reichen Ländern in ärmere schickt, ohne daß diese Lebensmittel je bei den Armen ankommen, weil sie unterwegs verschoben werden; es sähe, daß man Geld an die Regierungen unterentwickelter Länder schickt und daß die Regierungen dieser Länder für das „geschenkte" Geld Waffen kaufen bei den Spendern; es sähe, daß der allergrößte Teil der Menschen kein anderes Ziel hat als den Erwerb von möglichst viel Besitz und dessen Sicherung und Verteidigung. Die Intelligenz vom andern Planeten käme auf den Gedanken, ob denn die Menschheit in einem so ungleichen und alles in allem unglücklichen Zustand leben *müsse*; sie fragte sich, worin die Wurzel des Elends liege, wie man dem Zustand abhelfen könne. Sie käme auf die großartig einfache Idee der gerechten Verteilung aller Güter: Grund und Boden gehört allen, Spekulationen und ungeplante (von der Gemeinschaft nicht gebilligte) Ausnutzungen sind ausgeschlossen, jeder erhält was er braucht – kurz: sie erfände den Sozialismus kommunistischen Ausmaßes. Ihr erschiene nichts vernünftiger als das.

Aber sie träfe auf harten Widerstand: die Menschheit wäre nicht bereit, auf die hohe Vernunft zu hören. Was würde die Intelligenz tun, um die Menschen zu einer anderen Haltung zu bringen? Müßte sie nicht schließlich auf die Idee der sozialistischen Revolution kommen? Oder erhoffte sie sich mehr und Besseres von einer langsamen Evolution?

Es kam schon einmal eine hohe Intelligenz in menschlicher Gestalt von „anderswoher“ zu uns und entsetzte sich über unsere Misere. Welche Mittel zur Änderung schlug sie vor? Brachte sie überhaupt ein gesellschaftspolitisches Programm? Sie brachte eine Idee, nannte sie Liebe und zeigte uns ihre Anwendbarkeit auf unser Zusammenleben. Den Besitz betreffend lehrte sie, daß man sein Herz nicht an Materielles hängen soll, das von Rost und Motten verzehrt und von Dieben (aller Art und Größenordnung zwischen Ladendieb und schlechten Regierungen bis zu internationalen Industriekonzernen) gestohlen wird, und das, wären auch alle Vorratsspeicher brechend voll, doch nicht vor Unglück und Tod schützt. Der das lehrte, der lebte es auch, er besaß nichts als das Nötigste und ließ auch seine Anhänger nur das Lebensnotwendige behalten, denn er achtete das Materielle (als Besitz) für Nichts und er sah im Hängen an diesem Nichts, diesem Pseudo-Etwas, eine große Gefahr, denn „wo dein Schatz ist, da ist auch dein Herz“, und was einer zum obersten Wert setzt, damit identifiziert er sich; wer sich mit dem Materiellen identifiziert, bleibt in der Materie stecken. Für „die Heiden", sagt der Meister, sei es natürlich, daß sie sich nur ums Materielle sorgten, aber „die andern", die „im Wasser und dem Heiligen Geist Getauften", haben ein anderes Verhältnis zum Materiellen, zum „Besitz", ein unbürgerliches, ein göttlich leichtsinniges. Der Meister rät mit allem Nachdruck, sich keine Sorgen zu machen um das, was man essen, trinken, anziehen soll, denn „das Leben ist mehr als die Speise", das heißt: Leben besteht nicht in der rastlosen Nahrungssuche, nicht im Erwerben und Verteidigen des Erworbenen.

Ist das nicht ein absurder Rat? Wer kann sich darauf verlassen, daß zur rechten Zeit das Nötige sich einfinde?

Wer sorgt für den, der nicht für sich selber sorgt? Wer sorgt für die Feldlilien, wer für die freien Vögel? Wo die Natur im Gleichgewicht ist, sorgt sie für die Ihren, wo der Mensch sie verdorben hat, tut sie es nicht mehr.

Die Anwendung auf den Menschen: natürliche Gemeinschaften sorgen für die Ihren (Familie, Gemeinde, Klasse). Sind sie verdorben, ist der einzelne auf sich selber angewiesen.

Jener vielzitierte Satz von den Lilien und Vögeln ist kein poetisch unverbindliches Bild und auch keine vage fromme Aussage darüber, daß der „liebe Gott" schon sorge; freilich: er sorgt, da er alles in seiner Ordnung hält, aber er bedient sich des Menschen. Der Satz muß wohl interpretiert werden als die Aufforderung an den einzelnen Menschen, auf die Hilfe der Mitmenschen zu vertrauen, und andrerseits sich des Mitmenschen anzunehmen. In einer Gemeinschaft, in der das Gesetz der Verantwortlichkeit eines jeden für jeden und für das Ganze gälte, könnte wirklich jeder sorglos leben wie in einer idealen Kommune.

Unsere Versicherungen gegen Unfälle aller Art sind grundsätzlich auf „Gemeinnützigkeit" gebaut, ein Ersatz für unmittelbare gegenseitige Hilfe, aber eben nur ein Ersatz, der längst in ein rein materielles „Versicherungswesen" abgesunken ist, das zwar nützlich ist für viele, aber für einzelne allzugroße Gewinne bringt um noch als moralische Einrichtung gelten zu können.

Der Satz von den Lilien des Feldes enthält einen Hinweis, den wir erst heute zu verstehen beginnen: so wie die unverdorbene Natur für sich selber sorgt und sich im Gleichgewicht hält, so hat sie auch für den Menschen gesorgt. In einigen Gegenden unsrer Erde tut sie es noch, auf abgelegenen Südsee-Inseln etwa, doch solch ausgesparte Orte wird es nicht mehr lange geben, wir werden sie vergiften, verschmutzen, ausplündern. Gelänge es der Ökologie, uns alle zu strenger Verantwortlichkeit zu erziehen, so könnte eines Tages ein relatives Gleichgewicht in der Natur uns einen Teil der Sorge wieder abnehmen und uns, wenn schon nicht wie die Lilien des Feldes von selbst gedeihen lassen, so doch, wenn wir ihr entgegenkommen mit eigener vernünftiger Arbeit, uns ausreichend ernähren, kleiden, wärmen. Es hängt von uns ab, ob uns eine gewisse Sorglosigkeit wieder zukommen wird. *Alles* hängt jetzt vom Menschen ab.

Man kann das Wort des Evangeliums aber auch noch anders, kühner, interpretieren, wenn man den Menschen nicht als „Nur-Natur" betrachtet, also nicht als eine Erscheinung, welche den Gesetzen der Naturwissenschaft genügt, sondern als „Natur eigener Art", nämlich als eine Erscheinung, die den Gesetzen der Naturwissenschaft nur zum Teil untersteht, und dies nicht nur in dem Sinne, als unterstünde der materielle Leib dem Naturgesetz, während der Geist einem andern Gesetz gehorche, sondern in dem Sinne, daß auch der materielle Leib sich dazu entscheiden kann, ob er ganz und gar dem Naturgesetz unterstehen will oder ob er sich, soweit wie möglich, dem Geist unterstellen will. Wir haben alle das dringende Bedürfnis, genügend zu essen; es gibt aber Menschen, die (aus was immer für unmittelbar faßlichen Gründen) ihr Nahrungsbedürfnis auf ein solches Mindestmaß beschränken, daß sie nach rein biologischem Gesetz davon nicht leben könnten; sie leben aber und sind gesund, gesünder als jene, die ausreichend essen. Voraussetzung für diese Leistung ist, daß man weiß, was man tut, für welches Ziel man es tut, und es muß Freiheit da sein, es muß der Geist da sein, dann wird man vom Geist ernährt. Das wissen alle Fastenden aller Religionen. Das Geist-Gesetz hebt das Nur-Natur-Gesetz auf. Geschieht das, dann meinen wir, ein „Wunder" geschehe. Aber Wunder sind Erscheinungen, die dem Gesetz der anderen Seite der Natur, der Geist-Seite, gehorchen. Jeder Heiler weiß, daß es Heilungen aus dem Geist gibt, und wir selber können erfahren, daß es nicht allein und nicht zuvörderst die Medikamente sind, was heilt, sondern die Person des Arztes: das, was man seine Ausstrahlung nennt. Wir wissen auch, daß wir zu außerordentlichen körperlichen und seelischen Leistungen fähig sind, wenn uns etwas Außerordentliches treibt, eine Not oder eine Begeisterung oder auch ein pervertiertes Gutes: eine böse Leidenschaft. Diese Aussagen sind auch enthalten im Wort des Meisters: „Sucht doch zuerst das Reich Gottes, alles übrige wird euch dazugegeben werden." Das heißt: bedenkt, daß Ihr mehr seid als euer materieller Leib, bedenkt, daß nicht die Befriedigung eurer materiellen Bedürfnisse euer Leben erfüllt, bedenkt, daß Ihr Geist seid und kraft dieses Geistes lebt und dasjenige erhalten werdet, dessen Ihr bedürft, das „tägliche Brot", freilich nicht mehr als das, aber das wird euch genügen, Ihr werdet nicht nach mehr verlangen.

Das ist nun freilich ein Satz, der den Kindern dieser Welt eine Torheit und ein Ärgernis ist. Wie kann einem denn das tägliche Brot genügen? „Von der Hand in den Mund leben“ ist Sache leichtfertiger junger Leute; ein pflichtbewußter Mann erwirbt Besitz, denn Besitz bedeutet Sicherheit. Dieser Satz wird von der Mehrheit der Menschen geglaubt, als sei er ein für alle Male bewiesen. Er würde dann stimmen, wenn Besitz selber etwas wäre, was einem sicher ist. Solange man Besitz wirklich und unangefochten hat, gewährt er eine gewisse Sicherheit. Aber er selbst ist allen „Wechselfällen des periodischen Kreislaufs, denen Wirtschaft und Politik unterstellt sind“ (Karl Marx), ausgesetzt. Anstelle von Rost, Motten und Dieben sind Wirtschaftskrisen getreten, Kursstürze, Fehlspekulationen; plötzliche Verschiebungen im Kräfteparallelogramm von Politik und Wirtschaft können Besitz und Sicherheit vermindern oder vernichten.

Wer heute älter ist als fünfzig Jahre, der hat schon einige solcher Wechselfälle erlebt: was der Erste Weltkrieg nicht wegnahm, das nahm die Geldentwertung nach 1920; was sie uns beließ und was wir neu hinzu erwarben, wurde dezimiert, wenn nicht verloren, in der großen Wirtschaftskrise um 1930; was die wirtschaftliche Scheinblüte nach 1933 uns zukommen ließ, das nahm uns der Zweite Weltkrieg, und was wir danach noch hatten, das verloren wir bei der Währungsreform 1948. Wer da noch von Sicherheit reden kann, ist ein Narr. Freilich: die Ganz-Reichen, die wenigen, die ihr Geld in verschiedenen Werten und an verschiedenen Orten arbeiten lassen, die retten immer etwas. Sie können sogar heute versuchen, mit Hilfe ihres Geldes dem allgemeinen „biologischen Selbstmord“ zu entkommen, indem sie sich auf eine entlegene Insel im Ozean retten, weitab von Industrien und Kernreaktoren, mit einer Atemluft ohne Bleigehalt und mit Trinkwasser ohne Verseuchung durch Industriemüll, sie können biologisch gedüngtes Gemüse essen und Fleisch von Tieren, die kein DDT-vergiftetes Futter fressen. Das können sie tun, während weit weg ihre Fabriken für sie arbeiten und während Millionen Mitmenschen sich weiterhin notgedrungen vergiften, weil ihnen die Flucht vom Arbeitsplatz nicht möglich ist. Es ginge eine Weile, aber nicht für immer, nicht einmal für lange, denn der Wind trägt giftige Gase unvermutet weit, Zugvögel bringen das DDT mit und geben es multipliziert weiter, und das Wasser des Ozeans, in dem ein Kasten mit radiumhaltigem Abfall undicht wird, verseucht auch jenes Wasser, das die Insel der Geretteten umspült. *Keiner* entgeht dem allgemeinen Schicksal, und das ist richtig so. Eine individuelle Sicherheit gliche jener des Vogels im Käfig und des Löwen im Zwinger: sie ist zu teuer erkauft, zumal sie nur relativ wäre, und im Ganzen trügerisch, denn auch die Gesellschaft der Geretteten wäre auf ihrer Insel keineswegs gefeit gegen Krankheit und Tod und gegen Feinde in ihren eigenen Reihen und ihrem eigenen Innern. Es steht zu vermuten, daß sie sich selber ausrotten würde in nach innen explodierender Aggression, denn:

ein Zuviel an Besitz und Sicherheit schafft nach dem Gesetz der begrenzten Befriedigung, den Überdruß an Besitz, Genuß, Leben überhaupt. Wenn Besitz an materiellen Gütern das wäre, was glücklich macht, dann müßten die Bewohner der USA dreißigmal glücklicher sein als die Bengalen, deren Lebensstandard dreißigmal niedriger ist. Daß die Rechnung nicht stimmt, mag uns weiterhelfen, wenn wir fürchten, eine Verringerung unseres Besitzes und unserer materiellen Sicherheit werde uns ins Unglück stürzen.

Wenn nun aber Besitz nicht glücklich macht – weshalb arbeiten wir so viel? Weil wir den Wert eines Menschen, einschließlich unsrer selbst, von der Größe des Besitzes abhängig machen. Wer nichts hat, der ist nichts. „Wer es zu nichts bringt", der ist lebensuntüchtig. Wer aber wollte als Versager gelten? Nicht der materielle Besitz als solcher wird erstrebt, sondern die gesellschaftliche Geltung, die er verschafft, und man bezahlt dafür einen enormen Preis: man gibt seine Gesundheit daran, sein Familienglück, seine geistige Entwicklung, sein Leben.

Und damit sind wir wieder bei dem Wort des Meisters angekommen: „Sorgt Euch doch nicht, Ihr werdet Euer Auskommen haben so gut wie die Feldlilien und die Spatzen", *wenn* Ihr aufhört, die Erde auszubeuten und *wenn* Ihr endlich begreift, daß die Liebe die Grundbedingung auch Eures biologischen Überlebens ist.

Auf dem Umweg über die Ökologie werden wir endlich begreifen lernen, wie realistisch der Christus war und wie (absichtlich und gezielt oder dumm) wir ihn mißverstanden, selbst jene Institution, die sich als Trägerin seiner Idee bezeichnet; auch sie heulte mit den Wölfen, indem sie Besitz anhäufte und es vorläufig weiter tut (unter Hinweis auf ehrenwerte Verwendungszwecke, doch gleichwohl anfechtbar) und indem sie die Christen zu einem konservativ bürgerlichen Verhältnis zum Besitz erzog und daran festhält, daß das Privat-Eigentum eine heilige Sache sei und geschützt werden müsse – das heißt: der Besitz der Reichen werde geschützt, jener der kleinen Leute ist so gering (eben weil jener der anderen so groß ist), daß er nicht geschützt zu werden braucht ... Bisweilen den Sozialismus verbal lobend und sogar dazu in „Sozial-Enzykliken“ anspornend, versichert sie sich gleichzeitig der Hilfe konservativ christlicher Parteien, damit er nicht verwirklicht wird. Daß diese Institution sich damit ideologisch wie praktisch gegen die Lehre ihres Gründers stellt, bringt viele echte Christen dazu, sie zu verlassen. Auch eine Institution wie die katholische

Kirche unterliegt dem Phänomen der „Verdrängung". Wer nämlich während der „Öl-Krise" zum Verantwortungsbewußtsein aufruft und von der Überwindung des materialistischen Denkens spricht, der darf nicht selber dicke Aktienpakete mindestens zweier großer Ölgesellschaften besitzen. Es ist eine Schizophrenie komplizierter Art. Wir haben den Satz des Meisters: „Niemand kann zwei Herren dienen. Ihr könnt nicht Gott und (dem) Mammon dienen" (Matth. 6). Und wir haben den Satz: „Wehe Euch, Ihr Reichen, denn Ihr habt schon Euern Trost. Wehe Euch, die Ihr jetzt gesättigt seid, denn Ihr werdet hungern" (Bergpredigt, Lk. 6). Wir haben aber auch die Geschichte von der Begegnung Jesu mit dem „reichen Jüngling", der gut war, aber „vollkommen" werden wollte, wie der Meister so vollkommen, und darum Jesus zum „Guru" haben wollte. Jesus sagte ganz freundlich: „Gut – geh hin und verkaufe alles was du hast und schenke das Geld den Armen, dann komm wieder." Jedoch der junge Mann konnte das nicht, „*denn*", so heißt es, „denn er besaß *viele* Güter" (Mk. 10). Jesus sprach kein Wehe über ihn. Ist da kein Widerspruch?

Als der junge Mann weggegangen war, sagte Jesus zu seinen Anhängern: „Wie schwer ist es für die Reichen, ins Himmelreich einzugehen." Sonderbarerweise zeigten die Jünger sich bestürzt, als hätten sie so ein Wort bisher vom Meister noch nie gehört oder es bislang noch nicht begriffen. Jesus „wandte sich noch einmal an sie und sagte: Wie schwer ist es doch, daß solche, die auf Reichtum bauen, ins Reich Gottes eingehen. Leichter ist es, daß ein Schiffstau durch ein Nadelöhr geht, als ein Reicher in den Himmel" (Mk. 10).

Darin liegt keine Verurteilung, sondern die Feststellung, daß das Bauen auf Reichtum, das Hängen am Materiellen den Aufstieg, die Evolution beinahe unmöglich mache. „Ein Reicher", das ist nicht einfach einer, der viel besitzt, sondern einer, der sich mit seinem Besitz identifiziert und damit grundsätzlich sich für das Verbleiben im Reich der Materie entscheidet und die Heimkehr ins Vaterhaus ein für alle Male ausschlägt.

Der reiche junge Mann, der sich nicht vom Besitz lossagen konnte, ging zumindest „traurig fort", *darum* konnte Jesus ihm „liebevoll nachschauen"; es bestand die Möglichkeit, daß das tief beunruhigte Gewissen des jungen Reichen ihm die weitere Identifizierung mit seinem Besitz unmöglich machte und daß somit zumindest im Bewußtsein sich die Wandlung vorbereitete.

Der Christus war bei all seiner Unbedingtheit ein Realist und rechnete mit unsrer Schwäche. Das zeigte er in der Frage des Steuerzahlens. „Gebt dem Kaiser was des Kaisers ist, und Gott was Gottes ist." Darin liegt nicht eine absolute Trennung der Bereiche im Sinne eines Dualismus zwischen Materie und Geist, beide sind vielmehr Seiten *einer* Münze, die er vorzeigte, um seine Meinung zu demonstrieren: der Mensch gehört der Materie an sofern er Materie ist, und dem Geist sofern er Geist ist; dem Herrschaftsbereich der Materie sich zu entwinden, ist so ungemein schwer, daß jede Anstrengung wenigstens einer relativen, einer bewußtseinsmäßigen Lockerung schon ein Gutes ist. Schon das „Haben als hätte man nicht" ist ein Schritt zur Befreiung.

Aber es ist noch lange nicht die wirkliche Befreiung, das sagt der Meister zum Erschrecken seiner Schüler äußerst deutlich: „Keiner von Euch, der sich nicht von allem lossagt was er besitzt, kann mein Jünger sein" (Lk. 14/33). Er macht offenbar eine Unterscheidung: es gibt Menschen, die ganz bewußt sich für die Evolution zum neuen, zum eigentlichen Menschen entscheiden und zwar hic et nunc, augenblicklich und radikal, und es gibt die vielen andern, die, verstrickt ins Materielle, „halt so weiterleben", wenn auch bisweilen schlechten Gewissens („man sollte eigentlich nicht so Besitz raffen, mehr herschenken, wesentlicher leben").

Als die Schüler Jesu sein hartes Wort hörten, waren sie bestürzt. Zu Recht: denn wer kann das schon leisten, sich radikal vom Materiellen zu lösen. Sie sagten ihm, daß sie es für unmöglich hielten, und er antwortete ihnen etwas Verblüffendes: ja, sie hätten recht, für die Menschen sei es unmöglich, aber nicht für Gott, denn „bei Gott ist alles möglich".

Was soll denn das eigentlich heißen, es muß doch einen Sinn haben, dem man von irgendeiner Seite her beikommen kann.

Man hat den Satz bislang so interpretiert, als handle es sich dabei um jenes Einwirken Gottes auf den einzelnen, das man „Gnade" nennt. Das ist eine zulässige und zutreffende Deutung, aber keine ausreichende. Was ist das überhaupt: Gnade. Man pflegt zu sagen: ein unverdientes Geschenk. Von wem? Von Gott. Wie soll man das verstehen.

Nach der klassischen thomistischen Gnadenlehre „baut die Gnade auf der Natur auf und entwickelt sie". Das, was da mit einem geschieht, ist also kein Hinzukommen von etwas ganz Neuem von „außen" und „oben" her, sondern die Entfaltung vorhandener Kräfte und zwar solcher, die man nicht zu haben meinte und sich gar nicht zutraute, die man aber latent tatsächlich bereits hatte. Gnade hat ein Überraschungsmoment wie der „Zufall": beide scheinen keiner Gesetzmäßigkeit zu unterstehen und sind nicht zu „machen".

Wer aber lenkt Zufall und Gnade?

Es ist anzunehmen, daß wir das Gesetz, nach dem

sie eintreten, nicht kennen, daß es aber existiert und daß wir es nur nicht als Gesetz erkennen, weil das, was da geschieht, uns ein Ergebnis zeigt ohne den Weg dorthin zu enthüllen. Der Weg kann lang sein, er kann aber auch zu einem einzigen Sprung verkürzt sein. Wieso bisweilen solche Sprünge geschehen, kann von der Naturwissenschaft mit Hilfe der Mathematik halbwegs erklärt werden (schon Pascal versuchte es), aber das letzte Warum und Wieso bleibt offen. „Bei Gott ist alles möglich." Wenn die Schüler Jesu stellvertretend für die ganze Menschheit verzweifeln vor der Aufgabe, das Materielle radikal zu übersteigen, so lassen sie außer acht, daß es unvorherzusehende Entwicklungssprünge im Geistigen so gut gibt wie im Biologischen. Wer verursacht sie? Dieselbe dynamische Kraft, welche alles Leben vorantreibt und welche eine harrende Knospe am Lebensbaum plötzlich zum Aufspringen bringt. Wie wir diese Kraft nennen, ist Sache der Philosophie, die man bevorzugt, und Sache der Sprache, die einem paßt. Immer ist der Name nur ein Gleichnis. Dem, der sich mit diesen Fragen beschäftigt, ergeht es so, wie Heisenberg es von der Beschäftigung mit der Quantenphysik sagt: man könne den Sachverhalt in völliger Klarheit verstanden haben und gleichzeitig doch wissen, daß man nur in Bildern und Gleichnissen von ihr reden könne. „Bei Gott ist alles möglich" heißt: „normalerweise" bliebe die Menschheit so wie sie heute ist, nämlich an die Materie gebunden, und käme kein „Zufall", kein Quantensprung, so wäre es zum Verzweifeln mit uns. Aber der Sprung kommt, das ganze Evangelium ist die Verheißung dieses Sprungs vom materiellen zum geistigen Menschen.

Man kann nun freilich sagen, daß ein solches Verweisen aufs Evangelium nicht nur gänzlich unwissenschaftlich oder doch vorwissenschaftlich sei und rein gar nichts beweise; es sei, kann man sagen, ein Herumlaufen im Kreis; man berufe sich auf Unbeweisbares und versuche, mit Unbewiesenem etwas zu beweisen. Positivisten sagen das so, aber was beweist nun *das?*

Die Berufung auf das Evangelium scheint mir eine durchaus zulässige Art der Beweisführung zu sein, denn das, was dort steht, ist, entgegen der wissenschaftlichen Beweisführung, die dem Wandel und, wie man weiß, dem Irrtum unterworfen ist, nicht überholbar, und keine Neu-Interpretierung ändert den Kern. Zudem blickt die Wissenschaft (seit sie in Wissenschaften zerfiel) nur auf Teile und Teilansichten der Welt, während das Evangelium immer das Ganze im Auge behält, den Menschen als ganzen, den einzelnen Menschen so gut wie die Menschheit, und beide in bezug auf die Erde und aufs Universum, auf Zeit und Nicht-mehr-Zeit. Außerdem wird uns gerade heute klar, daß das Evangelium einfach „recht hat“: erkennten und lebten wir das dort Gesagte, wären wir glücklicher, hätten keine Energiekrise, keine Wirtschaftskrise, keine Kriege, keine Kriminalität (oder nur eine gelegentliche und von der Gemeinschaft verstandene und aufgefangene), keine Diktaturen, keine Rassenprobleme, keine Aggressionen, keinen Kapitalismus und keine Armut, und wir stürben nicht den Massenselbstmord durch „Umweltverschmutzung“, denn jeder dächte an das Wohl der andern und des Ganzen, keiner räuberte die Erde aus, keiner vergiftete Wasser und Luft, keiner rottete Tierarten aus, keiner mißhandelte Tiere, und es gäbe keine Übervölkerung, denn man beherrschte den Sexualtrieb so gut wie den Machttrieb, kurzum: lebte man nach der Lehre des Meisters, wäre unsere schier hoffnungslose Misere nicht vorhanden. Ist es also nicht vernünftig, jene selbst so vernünftige Lehre zu zitieren, wenn es um Fragen des gemeinschaftlichen Lebens geht – und was sonst geht uns eigentlich an als das Leben? Es gibt keine bessere Ideologie und kein besseres Programm als das Evangelium mit jenen Grundwahrheiten, die es mit den anderen großen Religionen teilt, weil *die* Wahrheit immer die *eine* ist, so wie die Liebe immer die *eine* ist.

Es ist zu vermuten, daß bereits die nächsten Generationen „religiöse“ Gedankenführungen nicht mehr als unwissenschaftlich abtun, sondern zur Lösung aller wichtigen Fragen menschlichen Zusammenlebens heranziehen, also auch ihre politische Relevanz erkennen, das heißt zum Beispiel, daß man das Gebot „Du sollst nicht stehlen“ versteht als gesellschafts-verbindliches Verbot zumindest privaten Grundbesitzes, und das

Gebot „Du sollst nicht töten" als international gültiges Verbot der Herstellung von Waffen aller Größen und Arten, ebenso des Besitzes von Aktien oder anderen Arten von Gewinnanteil an der Waffenproduktion (solange noch Waffen produziert werden), das Gebot „Du sollst nicht lügen" als verbindlich auch für politische Absprachen, und so fort. Solche Möglichkeiten betrachtend (es sind Möglichkeiten, die realisiert werden können) merken wir, wie teuflisch weit weg wir sind vom Christentum und von wahrer Menschlichkeit und wie wir mit frivoler Selbstverständlichkeit unsere private Moral von der gesellschaftlichen trennen: man ist natürlich kein Warenhausdieb, aber man beutet seine Fließband-Arbeiter aus (man beutet die Lebenskraft aus, auch wenn man sie, notgedrungen, gut bezahlt); man begeht natürlich keinen Bankraub, aber man bringt sein Geld im Ausland in Sicherheit; man ist natürlich kein Mörder, aber man verdient an der Waffenproduktion, man vergiftet Wasser und Luft mit Industrieabfällen und Gasen und man kümmert sich nicht um das Schicksal der Strafgefangenen und Entlassenen; man ist in einer christlichen Kirche und in einer christlichen Partei, aber man hält stillschweigend Jesus für einen idealistischen Schwärmer, der keine Ahnung hatte von der Kompliziertheit moderner wissenschaftlicher und politischer Systeme, die nun einmal so und nicht anders sind und denen man sich anpassen muß, will man nicht als Versager erscheinen und unter die Räder kommen. So ist das mit uns, obgleich uns bereits mitten im Rennen eine dumpfe Ahnung gepackt hat, dem unheimlich Falschen nachzurennen, nirgendwo anzukommen, unterwegs, vom Streß erledigt, liegenzubleiben.

Wie, wenn wir haltmachten (um noch nicht von eigentlicher Umkehr zu reden), wenn wir nachdächten, so wie viele von uns es anläßlich der Ölkrise taten? Wäre es denn möglich, daß wir vom Rad des *falschen* Fortschritts absprängen? Wie sähe das denn aus?

Machen wir einen Zeitsprung zurück, nicht so weit, daß wir im Frühchristentum ankämen; die wirtschaftliche und gesellschaftliche Situation jener Epoche ist der unsern zu unähnlich, als daß wir sinnvolle Vergleiche ziehen könnten; dafür ist das frühe europäische Mittelalter brauchbar; das 12. Jahrhundert erscheint wie ein Modell, eine erste Probe für das zwanzigste: damals entstand der Kapitalismus und, als Gegenschlag, die Armutsbewegung der Valdenser. Wie heute konzentrierte sich das gesellschaftliche und wirtschaftliche Leben in den Städten, dort wurde produziert und gehandelt, dort brauchte man Arbeiter und holte sie vom Land und der Landwirtschaft weg, dort war das Leben härter, aber bewegter und interessanter, auch hatte die Lohnabhängigkeit ihre Vorteile, so schien es wenigstens. In den Städten gab es Gruppierungen, die bald in Konkurrenzkampf gerieten und schon den Gruppierungen in modernen kapitalistischen Staaten glichen: auf der einen Seite „die Reichen und Mächtigen“: der ohnehin noch reiche Adel, der sich seinen Besitz in den Städtekriegen zusammengeräubert hatte, daneben der verarmte Adel, der sich bald in Handelsgeschäfte einließ, daneben die Kaufleute (die, waren sie reich genug, geadelt wurden wie im 19. und 20. Jahrhundert die Bankiers); auf der anderen Seite die Handwerker und Arbeiter, die schon eine Art Industrie-Proletariat darstellten, sie waren abhängig und arm. Die Macht lag natürlich bei den Reichen. Die Marktwirtschaft war frei, darum wurde der Konkurrenzkampf um die nationalen und internationalen Absatzmärkte ziemlich scharf geführt. Die Arbeit mußte sich rentieren, also mußte man die Betriebe rationalisieren: man industrialisierte das Handwerk und gründete Fabriken, vor allem Webereien. Die Produzenten und die Kaufleute wurden rasch reich. Das angehäufte Geld und die internationalen Handelsgeschäfte riefen nach einem Geldmarkt, und schon gab es ein international verflochtenes Bankwesen. Die Großbankiers wurden die wirklichen politischen Herrscher, denn sie verliehen (zu Wucherzinsen) Geld an Fürsten und Päpste und brachten sie in Abhängigkeit. Die Kirche verstrickte sich in die weltlichen Geschäfte und wurde korrumpiert, davon hat sie sich niemals mehr befreien können. Der Materialismus hatte festen Fuß gefaßt im Denken und in der Lebenspraxis.

Auf der anderen Seite wuchs die Armut. Alles schien ein für alle Male verdorben, es war eine üble Zeit.

Aber so sehr sich das kapitalistische System verfestigte, so war es doch nicht unangefochten. Es gab noch keine Arbeiterbewegung und keinen Sozialismus, aber es gab die geistige Unruhe jener, denen das soziale Gewissen schlug, und das waren natürlich nicht die Unterdrückten, sondern die Unterdrücker. Einige von ihnen zogen die Konsequenzen, und zwar radikale. Nicht der erste, aber der am bekanntesten gewordene jener Reichen war ein Textilkaufmann und Bankier aus Lyon, er klagte sich später selber des Wuchers an. Er hörte eines Tages die Predigt eines inspirierten wandernden Ritters über die evangelische Armut, er hörte sie „zufällig", und sie traf ihn, er ging hin, verteilte seine Habe, soweit sie nicht von seiner Familie (die er verließ) zum Leben gebraucht wurde, und zog fort, ohne Geld und ohne Rückversicherung, er zog von Ort zu Ort und predigte die Armut; sein Wort zündete, die Idee lag in der Luft, die Zeit war reif. Wie der Mann eigentlich hieß wissen wir nicht, man nannte ihn nach seinem Heimatort den Valdes, und seine Anhänger nannten sich die Valdenser oder die „Armen Christi"; es gibt die Bewegung noch heute, sie hat in Rom eine Kirche und eine große Bibliothek mit allen Büchern, die je über Armutsbewegungen geschrieben wurden. Die Valdenser des Mittelalters zogen in kleinen Gruppen durchs Land, hielten Vorträge, nahmen kein Geld an und lebten von dem, was man ihnen zum Lebensbedarf schenkte; was darüber hinaus einging, wurde an unfreiwillig Arme verteilt. Manche Gruppen arbeiteten handwerklich, aber ohne feste Arbeitsplätze, vielleicht ein wenig so wie moderne Arbeiterpriester (aber sie waren nicht „Priester“, sondern bibelfeste, tief fromme Laien). So wie die wandernde und protestierende Jugend von 1970 auf öffentlichen Plätzen Silberschmied-Arbeiten machte, so webten jene. Später taten sie Gelegenheitsarbeit in den Webereien. Was sie verdienten, kam in die Gemeinschaftskasse. Was über das Lebensnotwendige hinausging, schenkten sie den Armen. Ihre Absage an das Wohlstandssystem demonstrierten sie durch ärmliche Kleidung: grobe Gewänder, offene Sandalen, und auch durch lange Haare; von den guten Bürgern jener Zeit wurden sie homines silvestri, Waldmenschen, genannt und als solche verachtet, vielmehr gehaßt, wie jeder gehaßt wird, der mit seiner Existenz dasjenige für ein wertloses *Nichts* erklärt, was dem besitzenden Bürger sein *Alles* ist.

Später wurden einige Valdenser-Gruppen in der Nähe Mailands seßhaft und gründeten eigene Webereien: radikal sozialisierte Musterbetriebe; die Produktionsmittel gehörten der Kommune, welche am Produktionsort wohnte; Privateigentum gab es nicht; jeder bekam was er brauchte, der Gewinn wurde nicht an die Kommunarden ausgeschüttet, sondern an Arme verschenkt. Man arbeitete um zu leben, und man lebte um einander zu lieben und gemeinsam sich höher zu entwickeln.

Der Kommune-Gedanke gehört unlösbar zur christlichen, das heißt freiwilligen und zielbewußten

Armut; nur in der Gemeinschaft verwirklicht man die Idee der Sympathie und des Aufstieges. Selbstverständlich war die Armutsbewegung auch eine Bewegung der Gewaltlosigkeit und eine der Volksbildung: es gab vorher das Evangelium nur in Latein und Griechisch, also für das Volk nicht lesbar; was es in den Kirchenpredigten von der Lehre Jesu erfuhr, war orthodox-theologisch-klerikal gefiltert; man fürchtete, das Volk interpretiere die Bibel häretisch; das fürchtete die katholische Kirche bis in unser Jahrhundert, die Bibelbewegungen kamen immer schon aus dem protestantischen Lager.

Jener Lyoner Kaufmann Valdes gab einen Teil seines Reichtums daran, die Bibel ins Französische übersetzen zu lassen, so daß jeder Laie sie lesen und abschreiben konnte (der Buchdruck war noch lange nicht erfunden). Die Valdensische Bibelbewegung war eine gezielte Bewußtseinsbildung, Sozialisierung hat immer zur Voraussetzung die Alphabetisierung des ganzen Volkes. Das Volk begeisterte sich an der Lehre Jesu (so wie heute die junge Intelligentsia der Sowjetunion es tut, die, atheistisch erzogen, das Evangelium entdeckt und den Marxismus daran mißt und korrigiert.)

Das 12. und 13. Jahrhundert war eine Zeit des großen geistigen Aufbruchs, der auch, in vollem Verständnis des Evangeliums, ein sozialistischer war.

Bald freilich flammten überall, in Nord-Italien, in Frankreich, den Rhein abwärts bis Köln, Scheiterhaufen: die „Ketzer" wurden verbrannt, und wohl nicht nur um mancher (gnostischer, manichäischer, katharischer) Häresien willen. Auf jenen Holzstößen ist viel Religion, Philosophie, Mystik verbrannt, viel Stoff zur Heiligkeit, viel glühende Liebe; die Zeichen der gottgewollten Evolution waren wieder einmal nicht erkannt worden von den starken weltlichen Systemen; der frische Zweig am Lebensbaum war abgehauen. Aber die Knospe blieb: weder die Armutsidee noch die Bewegung selbst wurde zerstört; immer wieder ergriff sie einzelne und trieb sie zur Gründung weltlicher oder monastischer Gruppen, die in evangelischer Armut lebten. Wer sich mit den Biographien der Heiligen (christlicher und nicht-christlicher) beschäftigt, wird finden, daß ihnen allen gemeinsam die gewollte Besitzlosigkeit ist. Franziskus von Assisi ist der Prototyp des evangelisch Armen.

Hier drängt sich die Frage ein, wie denn die heutige Renaissance der Franziskus-Verehrung in unsere materialistische Zeit passe. Es liegt nahe zu denken, daß wir ihn nur deshalb lieben, weil wir ihn gründlich mißverstehen; wir haben seine große, strenge und fremde Gesamtpersönlichkeit aufgeteilt in handliche und freundliche Teile, so in einen Franz, der mit den Vögeln sprach und dem der böse Wolf von Gubbio die Pfote gab; in einen, der eine poetisch keusche Liebesgeschichte mit dem Mädchen Chiara, der nachmaligen heiligen Clara hatte; in einen, der ein Troubadour war und schöne Lieder wie den „Sonnengesang" dichtete, der in die Weltliteratur einging; und schließlich in einen, der einen reichen Vater hatte, aber ein armer Bettelmönch wurde, was man damals, im 12. Jahrhundert, leicht tun konnte, weil man ja ohnehin viel bedürfnisloser war; alles in allem eine reizvolle Gestalt. Nur: das Bild ist falsch.

Das wahre Bild haben wir verdrängt, da es allzu fremd, beunruhigend, geradezu schockierend ist. Franz lebte zur Zeit des Frühkapitalismus, und er war der Sohn eines reichen Textilkaufmanns (Export–Import), dessen Nachfolger er vermutlich werden sollte. Zunächst genoß er seine Jugend; wir wissen, daß er (in prächtigster Rüstung und auf dem besten Pferd, versteht sich, das wird in der aus seiner Zeit stammenden Biographie eigens erwähnt) Soldat wurde, in den italienischen Städtekriegen tapfer um sich schlug, einmal auch gefangen wurde und ein Jahr in Perugia eingesperrt blieb und krank heimkehrte, aber kaum genesen in neuer, noch prächtigerer Rüstung auszog, diesmal zu einem längeren Krieg, unterwegs aber von einer dringlichen Stimme „von oben“ (was gleich viel bedeutet wie „von innen“) zurückgehalten wurde, ohne daß schon Entscheidendes daraus folgte; zunächst genoß er singend und tanzend als gentiluomo seiner Zeit (als „Playboy“) sein Leben und auch die Mädchen, so daß er viel später einmal, als er von Söhnen und Töchtern sprach, sagen mußte, er meine nicht, wie man vermute, seine geistlichen Kinder im Orden, sondern er denke daran, daß er leibliche Kinder gezeugt haben könne, ohne sie zu kennen. Die Bekehrung geschah beim Anblick eines Leprakranken, also sozusagen auf natürlichste Weise: er *sah* plötzlich Krankheit und Elend (wie einst der indische Prinz Gautama, der spätere Buddha), das Mitleid sprang in ihm auf, und er entschloß sich, im Leprösenhaus außerhalb von Assisi zu arbeiten. Nebenher arbeitete er pflichtgemäß noch im Geschäft seines Vaters. Der nächste Schritt war die Lösung dieser familiär-geschäftlichen Bindung; sie geschah auf jugendgemäße, demonstrative und provokatorische Art: er „veruntreute“ eine Geldsumme, die er, vom Vater mit dem Verkauf einiger Stoffballen beauftragt, einem armen Einsiedler-Priester schenkte, bei dem er auch gleich blieb. Der Vater verklagte den Sohn bei der Stadt, die Szene vor dem weltlich-geistlichen Gericht, war skandalös: Franz warf dem Vater den Rest des Geldes zu Füßen, zog seine Kleider aus, warf sie dem Geld nach, stand splitternackt da und erklärte, fortan keinen anderen Vater als den im Himmel zu haben, und ging davon. Nun war er frei.

Wie die Valdenser lebte er von dem, was ihm die Zuhörer seiner (uns heute noch bekannten) Predigten gaben. Da die Armutsidee in der Luft seiner Zeit lag, schlossen sich ihm bald andere junge Männer an. Sie waren Wanderprediger, taten Arbeit im Tagelohn, halfen wo man sie brauchte, nahmen aber, dem strengen Befehl ihres jungen Meisters gemäß, niemals Geld an, nur Nahrung, nötigste Kleidung und gelegentliches Obdach; als einer seiner Anhänger einmal Geld brachte, befahl ihm Franz, es auf den Mist zu werfen, Münze für Münze mit dem Mund aufzunehmen und sofort zu verschenken.

Natürlich kam Franz nach einiger Zeit mit der Kirche in Konflikt, man wollte in Rom die wenn auch heilige, so doch anarchische Bewegung nicht, sondern befahl Franz die Gründung eines kirchenrechtlich gesicherten Ordens mit Statut, festem Wohnsitz und nachweisbaren Einkünften, kurz: die Verbürgerlichung des Charismatischen. Franz wurde in Rom verhört. Leute wie er waren häresie-verdächtig. Doch machte er seine Sache gut, denn er war ebenso taubeneinfältig wie schlangenklug: er unterlief die dogmatische Problematik, indem er sie ignorierte; er polemisierte auch nicht gegen die reiche Kirche der Reichen, sondern stellte mit heiligem Eigensinn sein eigenes Modell daneben. Man ließ ihn endlich gewähren. Freilich mußte er noch erleben, daß von der Kirche aus seine Idee korrumpiert wurde: aus seiner mystischen Armutsbewegung wurde ein normaler Orden mit viel Besitz und wissenschaftlichem Ehrgeiz.

Was ist eigentlich (die Frage ist wichtig für unsere Überlegung zur Bedeutung der Franziskusgestalt für uns) dasjenige, was wir seine „Bekehrung" nennen, was ist da denn wirklich vorgegangen, worauf baute in diesem Falle die „Gnade" auf, worin bestand sie. Man kann, wenn man will, den Fall psychologisch sehen, und es gibt biographische Hinweise genug: da ist einmal der Vater-Sohn-Konflikt, der so alt ist wie die Menschheit; er war verschärft durch eine Spannung zwischen den Eltern; wir lesen sie ab aus der Szene der Namensänderung von „Giovanni" (wie die Mutter den während einer Geschäftsreise des Vaters geborenen Kleinen taufen ließ) in „Francesco", wie der mit viel Geld und großen Aufträgen heimkehrende Vater ihn nannte. Weshalb die Änderung, wenn nicht um zu demonstrieren, daß der Sohn sein Sohn vor allem war.

Seine Frau hatte als Süd-Französin vermutlich Kenntnis von der Valdenser-Bewegung; es ist anzunehmen, daß Franziskus von der Mutter her eine erbbiologische und eine erziehungsmäßige Konditionierung zur Spiritualität mitbekam, die zunächst durch den Vater überdeckt war, aber nur eines leichten Anstoßes bedurfte, um aufzubrechen. Man kann auch sagen, „das Mütterliche" in Franz war stärker als „das Väterliche", das Weibliche stärker als das Männliche, wenn man unter „männlich" verstehen will die Haltung Kains, den Trieb zu aggressiver Selbsterhaltung durch Besitz und Macht, und unter „weiblich" die Neigung zur alles umfassenden Sympathie, zum Mitleid, zum Opfer, zum Frieden – die Haltung Abels, des neuen Menschen.

Stellen wir an diesem Punkt noch einmal die Frage, warum wir denn diesen Franziskus heute so verehren und lieben. Es ist anzunehmen, daß wir, gleich wie wir unsere bösen, nicht realiter ausgelebten Neigungen objektivieren in „Sündenböcken", auch unsere geistige Aufstiegsmöglichkeit objektivieren in „Heiligen". Franziskus ist das gestaltgewordene „Franziskanische" in uns selbst, die uns innewohnende geistige Dynamik, die auf Evolution drängt, auf die Geburt des neuen Menschen. Franz von Assisi empfinden oder erkennen wir als Vorauswurf und als Modell, auch wenn wir gar nicht die (bewußte) Absicht haben, dem Vorbild nachzuleben; das wäre recht mühsam und für die allermeisten schlechterdings unmöglich, sofern sie den dafür nötigen Bewußtseinsgrad nicht erreicht haben. Aber *da ist* das Modell, und es enthält alle Momente, die den „neuen Menschen" ausmachen: freiwillige Besitzlosigkeit, Losgelöstsein von allen Triebzwängen (Aggression, Sexualität), Bewußtsein von der Einheit alles Seienden in *Einem Sein*, begeisterte Liebe zum kosmischen Ganzen und brüderlich mitleidende Sympathie mit jedem Teil dieses Ganzen.

Man ist heute geneigt, Franz als Sozialrevolutionär zu sehen. Das ist zwar (auch wenn Franz es heute wohl wäre) ungeschichtlich gedacht, trifft aber dennoch eine Wahrheit. Insofern Franz auf eine radikale Veränderung des Bewußtseins zielte, mußte er auch die sozialen Verhältnisse im Auge haben; jedoch er sah ihre Änderung nicht als Folge einer Machtverschiebung, und als Mittel der Veränderung nicht die Gewalt, sondern er sah (wie er alles *sah*, nicht dachte) den mächtigen Strom der Evolution, der so breit und langsam fließt, daß er den Ungeduldigen unter uns still zu stehen scheint, und der, wenn überhaupt Sinn im Universum tätig anwesend ist, zu einem Ziel gelangen *muß*.

Was geschehen muß, das geschieht, aber es geschieht nicht, wenn der Mensch es nicht tut – eines der

Paradoxe, die wir zu leben haben. Franziskus verhielt sich bei absolutem Vertrauen in die Evolution so, als hinge das Heil der Welt von ihm alleine ab, von seinem Maß an unangestrengter Liebe und seinem Maß an Verzichten. Dieses Maß war außerordentlich.

Mit der Erwähnung der Verzichte schlagen wir wieder einen, den letzten Bogen, zur Ölkrise, die Anlaß zur Aufrollung all dieser Überlegungen war.

Wenn nun aber aus der Ölkrise keine langanhaltende und lebenbedrohende allgemeine Krise wird? Wenn nach einer kurzen Hemmung „alles einfach so weiter geht"? Ist dann alles hierüber Gedachte hinfällig?

Es ist bereits abzusehen, daß die Ölkrise in der jetzigen Form, soweit sie wirtschaftspolitisch versuchsweise manipuliert war, nicht dauert, daß aber die Energiekrise mit allen Folgen weiterhin bleibt, und daß wir, wird der Fortschritt nicht gestoppt, in den Massenselbstmord gehen.

Der nicht-materielle Blick auf die Energiekrise läßt uns folgende Fragen stellen: ob eine wesentlich geistige Notlage durch wesentlich materielle Mittel allein überwunden werden kann; ob Geburtenkontrolle, Entgiftung von Luft und Lebensmitteln (schon kaum mehr möglich) und eine Umstellung der industriellen Produktion auf wenige aber bessere Ware, also ein strenger Stopp des Fortschrittes, überhaupt etwas an der Situation der Menschheit ändert, da doch der Mensch nicht mit seinen materiellen Konditionen identisch, sondern ein Geist-Geschöpf ist.

Es ist an dieser Stelle zu fragen, ob es denn vernünftig und der Sache gemäß ist, der „Ölkrise" eine „metaphysische" Bedeutung beizulegen, und ob sie nicht vielmehr ausschließlich eine von der Sache und vom Gesetz der dialektischen Bewegung her bedingte Angelegenheit der Wirtschaft ist. Darauf ist zu sagen, daß keine Sache nur sie selber ist, sondern auch ein Gleichnis, und daß jede Sache sowohl einen materiellen wie einen geistigen Beobachtungs-Standpunkt zuläßt, und daß jede Sache das ist, was jemand in ihr sieht, daß es aber „menschlicher" ist, zum Verständnis eines Ereignisses den metaphysischen Aspekt heranzuziehen, denn „wir versänken in heilloser Banalität, klammerten wir die Metaphysik aus" (P. L. Berger).

Wie, wenn eine (mit Sicherheit bald oder später eintretende) wirtschaftliche Verarmung den Menschen gar nicht wirklich beträfe? Wenn er sich von ihr unabhängig machen könnte? Wenn er ihr zuvorkäme und die Verarmung geistig abfinge und sie überwände, ehe sie ihm überhaupt zum Problem werden konnte? Wenn er die „Überwindung der Krise" nicht den Wissenschaftlern, Politikern und Ökologen überließe, die ja doch nur materielle Mittel anzubieten haben dort, wo es um einen geistigen Notstand geht?

Ganz einfach gesagt: wie, wenn er seine Bedürfnisse (die eines Tages ohnehin nicht mehr erfüllt werden) jetzt schon *freiwillig* einschränkte? Wenn er *verzichten* lernte? Wenn wir die unverantwortlich viel und Überflüssiges produzierenden Industrien schweigend unter Druck setzten und zu Umstellungen zwängen, indem wir einfach nichts mehr kaufen, was wir nicht wirklich brauchen? Wenn wir den uns aufgeschwatzten, den eingebildeten Konsum-Zwang übersprängen? Wenn wir aus dem Profitspiel ausstiegen? Wenn wir den von vielen gefürchteten Sozialisierungen zuvorkämen, indem wir freiwillig auf *jede* Art von Ausbeutung der Kräfte anderer verzichten? Wenn wir unsere Selbsteinschätzung und unser Glück nicht mehr vom Besitz abhängig machten, wenn wir die Menschen mehr liebten als das Geld, wenn wir uns (hier und jetzt) entschlössen, „neu" zu werden? Was wäre dann?

Dann wären wir erlöst, dann wären wir eingefügt in den großen tragenden Sinn-Zusammenhang, dann schwände unsere Existenz-Angst dahin mitsamt den Neurosen, dann legte sich unsere Aggressivität, dann vermöchte die Gemeinschaft ihre Außenseiter zu ertragen, dann lohnte es sich wieder zu leben, dann bedürfte es keiner Geld- und Gefängnisstrafen für die Vergifter von Erde, Wasser und Luft, dann wären auch Pflanzen und Tiere geliebt und gerettet, dann bliebe die Erde ein bewohnbarer, noch mehr: sie würde ein erlöster Planet.

In der Tat: das künftige Schicksal der Erde mit allem, was sie trägt, hängt vom Menschen ab. Es zeigt sich, daß dieses winzige wehrlose Geschöpf im Zerstören wie im Aufbauen und Retten eine fast göttliche Mächtigkeit hat. David steht gegen Goliath. Davids Geist, in dem die Materie zu sich selber kam, vermag die Materie zu überwinden, falls er die Materie in sich selber beherrscht.

Es ist an der Zeit, sich einer Praktik zu erinnern, die keineswegs Erfindung christlicher Mönche ist, sondern an allen Orten geübt wurde, an denen es Geist gab: Aszese. Dieses mißliebige Wort bedarf nur einer neuen Interpretation, und schon zeigt sich, daß es gewissermaßen das Rezept für die Lösung aktueller Probleme ist, vor denen materielle Mittel versagen. Aszese erfüllt sich keineswegs in sexueller Enthaltung (als solche könnte sie freilich ein Beitrag zur Bevölkerungspolitik sein und wäre also von höchster Aktualität). Aszese ist: Verzicht auf Profitüberhang, Verzicht auf Ausbeutung, Verzicht auf geheimen Betrug, Verzicht auf Schädigung des Konkurrenten, Verzicht auf Freß- und Saufgelage, Verzicht auf Snobismus, Verzicht auf alles, bei dessen Genuß man sich fragen muß: ist das denn nötig, darf ich das im Hinblick auf die Not meiner Mitmenschen, mache ich mich damit nicht schuldig an der materiellen Verarmung (Ausräuberung, Verschmutzung, Vergiftung) unserer Erde, verhindere ich damit nicht den geistigen Aufstieg, den eigenen und den der Menschheit.

Aszese ist keineswegs eine lebensfeindliche Sache für fromme und verschrobene Außenseiter, sondern vielmehr eine lebenrettende soziale Sache von dringlicher Aktualität, die durch keine wirtschaftlichen und gesellschaftspolitischen Maßnahmen ersetzt werden kann. Aszese ist nichts anderes als: Verzicht auf Triebhaftigkeit aus Liebe zum Nächsten und Ganzen; sie ist ein Beitrag zur „Amorisation“ der Erde.

Wer so etwas sagt, und weiß, was er damit sagt, der

fragt sich natürlich als Mensch, der „das Leben kennt“ und die „condition humaine“, ob denn so etwas zu sagen sinnvoll und effektiv ist, ob alle Hinweise auf einen neuen Menschen und eine neue Erde nicht doch nur Wunschträume sind, und ob einer solchen Utopie in der Realität irgend etwas entspreche. Eine Frage, die zwar nötig ist, insofern jede aufgestellte These zunächst in Frage gestellt werden muß, die aber auch den Charakter einer schweren Versuchung hat: die Hoffnung auf die Evolution der Menschheit fahren zu lassen.

Jedoch wir leben alle von Utopien, und ich bestehe darauf: unsere Utopien sind Erinnerungen an „das Vaterhaus“, so wie unsere Verehrung heiliger Menschen die Erinnerung an uns selbst ist.

Die Zukunft ist Wiederherstellung unserer Vergangenheit. Das ist eine These.

In der Naturwissenschaft heißt eine These aufstellen: meinen, etwas, das nicht gefunden ist, *müsse* existieren, die und die Eigenschaft und die und die Wirkung haben. Sie stellt das als Arbeitshypothese auf, dann sucht sie die Beweise, und findet sie, denn: was sein und was geschehen *kann*, das *ist* und *geschieht*. Es ist nicht einzusehen, warum dieses Gesetz und dieser Weg nicht auch außerhalb der Naturwissenschaft gelten sollte, wenn Naturwissenschaft sich mit der Materie befaßt, die aber nach Aussage der Naturwissenschaftler selber Geist ist, so daß hier wie dort wenn nicht die selben, so doch analoge Gesetze gelten.

So ist es denn sinnvoll zu glauben, daß der These vom Aufstieg des „natürlichen" zum „geistigen" Menschen eine Wirklichkeit entspricht. Gestützt wird diese These durch die Tatsache unseres verzweifelten Überdrusses am Materiellen, unserer Sehnsucht nach Gemeinschaft, Liebe, Einheit, unserer (anläßlich der Ölkrise gezeigten) Bereitschaft zur „Verarmung". Daß diese Vorausgriffe nicht von uns allen gemacht werden, besagt nicht, daß sie, von wenigen gemacht, nicht als stellvertretend für alle gelten. Was vom einzelnen getan wird im Hinblick aufs Ganze, muß dem Ganzen angerechnet werden, denn wofür wäre es sonst getan. Die Heimkehr ins Vaterhaus geschieht allen verlorenen Söhnen oder keinem.

ERSCHIENEN BEI R.S.SCHULZ

ERSCHIENEN BEI R.S.SCHULZ

ERSCHIENEN BEI R.S.SCHULZ

ERSCHIENEN BEI R.S.SCHULZ

Rolf S. Schulz, Die soziale und rechtliche Verpflichtung des Verlegers	DM 7,80
Hannelore Schütz/Ursula v. Kardorff, Die dressierte Frau	DM 14,80
Dieter Sinn, Besondere Kennzeichen: Augen katzengrün	DM 25,—
Sigi Sommer, Es ist zu schön um wahr zu sein	DM 23,—
Sigi Sommer, Also sprach Blasius	DM 23,—
Sigi Sommer, Das gabs nur einmal	DM 23,—
Sigi Sommer, Das kommt nie wieder	DM 23,—
Monika Sperr, Die dressierten Eltern	DM 16,80
Jean Starobinski, Besessenheit und Exorzismus	DM 12,80
Josef Steidle, So is as Lebn	DM 9,80
Josef Steidle, I sag's wia's is	DM 9,80
José Francisco Sucre, welche Zivilisation, welche Ideologie?	DM 22,—
Helene Thimig-Reinhardt, Wie Max Reinhardt lebte	DM 26,—
Karin Tietze-Ludwig, Zusatzzahl 13	DM 9,80
Luise Ullrich, Komm auf die Schaukel Luise Balance eines Lebens	DM 25,—
Emil Vierlinger, Prost Salvator	DM 14,80
Wald/Klein, Bildband Franz Josef Strauß	DM 49,—
Ulrich Zimmermann, geliebt, verkannt und doch geachtet	DM 5,80
Josef Othmar Zöller, B 3 – Die Bayern 3-Story	DM 23,—
Gerhard Zwerenz, Ein fröhliches Leben in der Wüste	DM 23,—
Gerhard Zwerenz, Wozu das ganze Theater	DM 23,—